Wissenschaftliche Beiträge
aus dem Tectum Verlag

Reihe Geschichtswissenschaft

Wissenschaftliche Beiträge
aus dem Tectum Verlag

Reihe Geschichtsswissenschaft
Band 54

Sebastian Hennel

Das Erbe von Fritz Bauer

Öffentliche Wahrnehmung justizieller „Vergangenheitsbewältigung“

Mit einem Vorwort von PD Dr. Jan Erik Schulte

Tectum Verlag

Sebasitan Hennel
Das Erbe von Fritz Bauer
Öffentliche Wahrnehmung justizieller „Vergangenheitsbewältigung“

Wissenschaftliche Beiträge aus dem Tectum Verlag
Reihe: Geschichtswissenschaft; Bd. 54

ISBN 978-3-8288-4774-3
ePDF 978-3-8288-7880-8
ISSN 1861-7468

Umschlagabbildung: Fritz Bauer im ›Club Voltaire‹, Frankfurt am Main, ca. 1965–1968
Fotograf: Siegfried Träger, Fritz Bauer Institut, Frankfurt am Main

Gesamtverantwortung für Druck und Herstellung:
Nomos Verlagsgesellschaft mbH & Co. KG
Printed in Germany

Besuchen Sie uns im Internet
www.tectum-verlag.de

Bibliografische Informationen der Deutschen Nationalbibliothek
Die Deutsche Nationalbibliothek verzeichnet diese Publikation in der Deutschen Nationalbibliografie; detaillierte bibliografische Angaben sind im Internet über http://dnb.d-nb.de abrufbar.

Vorwort

Fritz Bauer war einer der zentralen Akteure der juristischen Auseinandersetzung mit den Verbrechen des Nationalsozialismus in den ersten beiden Jahrzehnten der Bundesrepublik Deutschland. Gerade in jüngerer Zeit erlebt die Beschäftigung mit ihm als Person wie auch mit seinem Wirken eine beeindruckende Renaissance. Seine Rechtsauffassung zur Verfolgung von NS-Gewaltverbrechen scheint sich nach dem im Mai 2011 gefällten Urteil im Demjanjuk-Prozess über 40 Jahre nach dem Tod Bauers durchgesetzt zu haben. Dabei hatte und hat Bauer Einfluss weit über den Bereich des Justizwesens hinaus. Bauer war ein wichtiger Akteur der sogenannten „Vergangenheitsbewältigung". Er konfrontierte die Gesellschaft mit den Verbrechen und dem Erbe des NS-Regimes und legte damit auch die Basis für die heutige Erinnerungskultur. Entsprechend dient Bauer immer mehr als Referenz dafür, was an Aufarbeitung möglich war und was dann doch nicht geschehen ist. Insofern ist es sowohl fruchtbar als auch – nicht zuletzt vor dem Hintergrund eines sich immer weiter ausdifferenzierenden Forschungsfeldes – herausfordernd, sich mit Bauer zu beschäftigen.

Der Autor, Sebastian Hennel, nähert sich der Person Bauers, seinem Wirken und seiner Wirkung dadurch an, dass er sich auf die öffentliche Wahrnehmung der justiziellen Auseinandersetzung mit der NS-Vergangenheit und die Rolle, die Fritz Bauer hierbei spielte, fokussiert. Analytisch fruchtbar geht der Autor in zwei Schritten vor. Zunächst einmal geht es um die von Bauer initiierten Prozesse gegen NS-Täter und deren Einordnung in den zeitgenössischen Umgang mit der NS-Vergangenheit. Hierauf aufbauend wird dann die langfristige Wirkmächtigkeit Bauers im Lichte der Entwicklung der bundesdeutschen und dann gesamtdeutschen Auseinandersetzung mit dem NS-Erbe analysiert. Die vorliegende Studie informiert daher nicht nur über die historische Wahrnehmung Bauers, sondern auch über den gegenwärtigen Stand der deutschen Erinnerungskultur.

Pointiert beleuchtet Sebastian Hennel den Werdegang Fritz Bauers. Er konzentriert sich als Fallbeispiel auf den Frankfurter Auschwitz-Prozess und auf Bauers Rolle in weiteren ausgewählten Verfahren. Dabei diskutiert der Autor jeweils die juristische Sachlage, vor allem aber die erinnerungskulturellen Debatten in den Medien. Gegensätzliche Positionen werden präzise wahrgenommen und die Spannbreite der Interpretationsmöglichkeiten aufgezeigt, so beispielsweise die Diskussion, ob und inwieweit der Auschwitz-Prozess eine gesellschaftliche Veränderung hinsichtlich der Auseinandersetzung mit den NS-Verbrechen hervorgebracht hat.

Sebastian Hennel verweist auf die ambivalente Zielsetzung des Auschwitz-Prozesses und den sich hieraus ergebenden partiellen Erfolg des Verfahrens: Auf der einen Seite stand die Suche nach der individuellen Schuld der Angeklagten, auf der anderen Seite die von Bauer geforderte Wahrnehmung der Angeklagten als Teil eines mörderischen Systems. „Solange die Person in irgendeiner Weise am System beteiligt gewesen war", so Bauer in der pointierten Lesart von Hennel, „habe sie sich des Mordes ersten Grades schuldig gemacht." Alle Handlungen wären als „natürliche Handlungseinheit" zu betrachten. Dieser juristischen wie moralischen Argumentation Bauers konnte und wollte das Gericht im Auschwitz-Prozess allerdings nicht folgen. Die Verurteilungen, die die Staatsanwaltschaft erreichte, wurden ausschließlich individuell begründet. Ebenfalls ambivalent waren die gesellschaftlichen Wirkungen des Prozesses. So erzeugte er auf der einen Seite ein großes Zuschauerinteresse, auf der anderen Seite herrschte vielfach Gleichgültigkeit bzw. wurden die individuellen Täter als „Dämonen" aus der Gesellschaft quasi herausgeschrieben.

Die Ergebnisse der Untersuchungen, die sich speziell mit Bauers Wirken und seinen Verfahren beschäftigen, kontrastiert der Autor mit ausgewählten Beispielen, die Gegenstand und Umfang der „Vergangenheitsbewältigung" innerhalb der deutschen Gesellschaft insbesondere in den sechziger Jahren zeigen. Hieran schließt sich eine Diskussion der weiteren Entwicklung bis in die Gegenwart an, die sowohl die juristischen Folgewirkungen, als auch die gegenwärtige Wahrnehmung der Person Bauers in den Mittelpunkt rückt. Auch hier kommt der Autor zu differenzierten und überzeugenden Ergebnissen. So verweist er auf das Urteil im Demjanjuk-Verfahren von 2011, das, wie Hennel zu Recht betont, durchaus als später Triumph des im Auschwitz-Prozess verfolgten Ansatzes einer Handlungseinheit aller Taten angesehen werden kann. Die Fachdiskussionen um die unterschiedlichen Facetten der Biografie von Bauer lässt der Autor in der breit belegten und starken These gipfeln, dass Bauer „für den Prozess der deutschen ‚Vergangenheitsbewältigung' revolutionär" war.

Sebastian Hennel verschweigt die zeitgenössischen sowohl juristischen wie auch „volkspädagogischen" Misserfolge Bauers nicht, ordnet diese aber in eine langfristige Entwicklung ein, die zu einer mittlerweile großen Wertschätzung der Bedeutungen Bauers und seines Handelns geführt habe. So entsteht ein vielschichtiges Bild vom Wirken und vor allem von der öffentlichen Wirksamkeit Bauers bis in die Gegenwart.

Altena, im März 2022 — Jan Erik Schulte

Inhaltsverzeichnis

Einleitung

Nach wie vor herrscht ein großes öffentliches Interesse in Bezug auf die Auseinandersetzung und Aufarbeitung des Nationalsozialismus. Durch erinnerungskulturelle Projekte, wie beispielsweise dem Stolperstein-Projekt[1], beziehen sowohl Institutionen als auch die heutige Bundesrepublik politisch und moralisch Stellung zur NS-Vergangenheit und den zu jener Zeit begangenen Verbrechen. Mit einem Blick auf Medienberichte[2] und Urteile[3] der letzten Jahre zeigt sich, dass die Verfolgung von vermeintlichen Tätern noch nicht abgeschlossen ist. Ist heute die Auseinandersetzung mit einer größeren zeitlichen Distanz möglich, stand die deutsche Gesellschaft unmittelbar nach dem Zweiten Weltkrieg vor der eigenen Befangenheit und der kritischen Auseinandersetzung mit den Geschehnissen zwischen 1933 und 1945. Der Name Fritz Bauer steht dabei für eine Persönlichkeit, die viel zur justiziellen Verfolgung von NS-Verbrechen[4] beigetragen hat. Bauer wurde im Zeitraum zwischen den Jahren 1952 und 1968 zu einer der bekanntesten Personen der Nachkriegsgeschichte, so dass sich diese Arbeit das Ziel setzt, Bauers Werk, die zeitgenössischen Debatten um

1 Vgl. Funke, Hajo: Der Kampf um die Erinnerung. Hitlers Erlösungswahn und seine Opfer, Hamburg 2019, S. 246. Folgend zitiert als: Funke: Kampf um die Erinnerung.

2 Vgl. dazu Artikel vom 6. November 2018 in der Süddeutsche Zeitung Online: https://www.sueddeutsche.de/politik/muenster-ns-prozess-stutthof-1.4199081 (zuletzt aufgerufen am 15.01.2021).

3 Vgl. BGH-Beschluss vom 20. September 2016 wegen Beihilfe zum Mord durch Dienst im Konzentrationslager Auschwitz, Aktenzeichen: 3 StR 49/16.

4 Mit dem Begriff NS-Verbrechen werden primär die Verbrechen bezeichnet, die zwischen 1933 und 1945 durch Nationalsozialisten begangen wurden. Dabei können die „Verbrechen" auch zum Tatzeitpunkt nicht geahndet worden sein oder Straftatbestände noch nicht existiert haben.

sein Handeln sowie die Auswirkungen auf unsere heutige Gesellschaft zu untersuchen.[5]

Die Fragestellung der Arbeit geht primär der Frage nach, wie sich die öffentliche Wahrnehmung zur justiziellen „Vergangenheitsbewältigung" ab 1945 bis heute wandelte und welche Rolle Fritz Bauer darin spielte. Die Zeit in welcher Bauer im Nachkriegsdeutschland wirkte, steht dabei im Vordergrund. Dabei sollen sowohl politische, juristische sowie zeithistorische Stimmen einbezogen werden.

Die „Vergangenheitsbewältigung"[6] der frühen Nachkriegszeit wurde durch innen- und außenpolitische Faktoren geprägt und befand sich stets in einem Prozess, so dass zu Beginn der Arbeit eine chronologische Übersicht über die politische und justizielle Lage der BRD gegeben werden soll, um einen Eindruck über die gesellschaftlichen Themen der westdeutschen Gesellschaft zu geben, in die Bauer im Jahr 1949 remigrierte. Zentrale Geschehnisse, wie die Verabschiedung einzelner Straffreiheitsgesetze oder die Durchführung medienrelevanter Prozesse, dienen dabei als exemplarische historische Eckpunkte.

Der zweite Teil der Arbeit beschäftigt sich näher mit der Figur Bauers sowie seiner Rolle im Frankfurter Auschwitz-Prozess. Leitfragen sind dabei, welches Erbe Bauer der heutigen Gesellschaft hinterlassen hat, auf welche Weise versucht wurde im Auschwitz-Prozess die „Wahrheit" über Auschwitz zu erfahren und wie sich die Wahrnehmung

5 Das Handeln und Wirken innerhalb der westdeutschen Gesellschaft und der späteren BRD steht im Vordergrund dieser Arbeit. Sofern es nicht explizit erwähnt ist, bezieht sich die Zuschreibung „deutsch" bis in das Jahr 1990 auf die westdeutsche Gesellschaft.

6 Der Begriff „Vergangenheitsbewältigung" ist ein Begriff, welcher besonders in der Zeit nach 1945 verwendet und welcher durch die Verbrechen innerhalb des „Dritten Reiches" geprägt wurde. Ein genauer Entstehungszeitpunkt des Begriffes kann nicht ausgemacht werden. Zudem lässt sich über den Begriff streiten. Es ist fraglich, ob Vergangenheit überhaupt „bewältigt" werden kann oder ob der Begriff nicht sogar als verharmlosend oder dramatisierend gedeutet werden könne, vgl. Jesse, Eckhard: Did we succeed in coming to terms with the past? A Comparison of National Socialism and the DDR, in: Heiner Timmermann (Hgg.): Vergangenheitsbewältigung in Europa im 20. Jahrhundert, Band 1, Berlin 2010, S. 239–241.

der Öffentlichkeit in Bezug auf das Handeln in den Jahren seiner Tätigkeit sowie nach seinem Tod wandelte. Inwiefern veränderte sich der internationale Blick und das Verhältnis der deutschen Nachkriegsgesellschaft in Bezug auf den Nationalsozialismus? Im Anschluss wird mit einem Blick auf die 2010er Jahre ein neues Bild von Fritz Bauer gezeichnet, welches dargestellt und die Frage beantwortet werden soll, wie der so genannte „Fritz-Bauer-Boom" zu Stande kam. Abschließend geht es um die Frage, ob heute von einem Lern- oder „Bewältigungsprozess" gesprochen werden kann.

Die historische Forschung zum Thema der Prozesse und der „Vergangenheitsbewältigung" nimmt seit den 1980er Jahren kontinuierlich zu, was nicht zuletzt auf die amerikanischen Fernsehserie „Holocaust" und ihre aufklärerische Wirkung zurückzuführen ist.[7] Seit den 1990er Jahren und der Wiedervereinigung Deutschlands stieg die Dichte an Monographien und Aufsätzen unter anderem zu NS-Prozessen so stark an, dass es nicht möglich sein wird, sämtliche Werke abzubilden. Daher sollen folgend einige Werke vorgestellt werden, die für die Arbeit eine Relevanz aufweisen.[8] Bei der Bearbeitung der Arbeit wurde darauf geachtet, einen Querschnitt durch die aktuelle Literatur aufzuzeigen.

Publikationen zum Thema „Vergangenheitsbewältigung" liefern unter anderem Norbert Frei[9] und Peter Reichel[10], wobei letzterer in seinem Werk das als Wort ausgedrückte Phänomen der „Vergangenheitsbewäl-

---

7 Vgl. Funke: Kampf um die Erinnerung. S. 225–226.

8 Für eine umfangreiche Analyse des Forschungsstandes zur Beschäftigung mit NS-Prozessen bis 2010, s. Osterloh, Jörg; Vollnhals; Clemens: Einleitung, in: Jörg Osterloh, Clemens Vollnhals (Hgg.): NS-Prozesse und deutsche Öffentlichkeit. Besatzungszeit, frühe Bundesrepublik und DDR, Göttingen 2011, S. 16–21.

9 Frei spricht von einer politischen Aufladung des Begriffs, so dass er den Begriff der „Vergangenheitspolitik" als konkreteren Begriff einführt, s. Frei, Norbert: Vergangenheitspolitik. Die Anfänge der Bundesrepublik und die NS-Vergangenheit, München 1996. Folgend zitiert als: Frei: Vergangenheitspolitik.

10 Reichel, Peter: Vergangenheitsbewältigung in Deutschland. Die Auseinandersetzung mit der NS-Diktatur in Politik und Justiz, München 2007. Folgend zitiert als: Reichel: Vergangenheitsbewältigung.

tigung" näher definiert und problematisiert. So könne man die Vergangenheit zwar bewerten, nicht aber „bewältigen". Er unterscheidet weiter in vier verschiedene Handlungsfelder innerhalb der „Vergangenheitsbewältigung", die in Relation gesetzt werden müssen.[11] Frei setzt in seinem Werk zudem eine Akzentuierung auf die von Bauer angestrebten Verfahren und historischen Gutachten im Remer- und Auschwitz-Prozess. Andreas Eichmüller liefert mit seinem 2012 publizierten Werk „Keine Generalamnestie"[12] einen weitreichenden Überblick über die Strafverfolgung von NS-Verbrechen in den 1950er Jahren. Eine Historiographie zu NS-Prozessen bis ins Jahr 2015 bietet Karl-Heinz Keldungs.[13] Die historische Forschung hat sich umfassend mit dem Auschwitz-Prozess auseinandergesetzt. In einer kritischen Darstellung zu diesem, bezieht Devin Pendas die Berichterstattung und die Reaktionen der Öffentlichkeit mit ein.[14] Er kommt dabei zu dem Ergebnis, dass der Prozess in seinem Ansinnen gescheitert sei, der Öffentlichkeit ein kohärentes Bild von Auschwitz zu vermitteln.[15] Im Sammelband „NS-Prozesse und deutsche Öffentlichkeit"[16], herausgegeben von Jörg Osterloh und Clemens Vollnhals, wird ebenfalls die Öffentlichkeitswirkung ausgewählter Prozesse und die Rezeption medialer Berichterstattung sowie die Folgen für die gesellschaftliche Wahrnehmung der NS-Vergangenheit behandelt. Mirjam Wenzel untersucht in ihrem Werk unter anderem die Rolle des Gerichtsewesens und der Justiz der 1960er Jahre.[17] Einen kritischen Blick auf die „Versäumnisse" hin-

11 Vgl. Reichel: Vergangenheitsbewältigung, S. 20–23.
12 Eichmüller, Andreas: Keine Generalamnestie. Die strafrechtliche Verfolgung von NS-Verbrechen in der frühen Bundesrepublik, München 2012. Folgend zitiert als: Eichmüller: Keine Generalamnestie.
13 Keldungs, Karl-Heinz: NS-Prozesse 1945–2015. Eine Bilanz aus juristischer Sicht, Düsseldorf 2019.
14 Vgl. Pendas, Devin: Der Auschwitz-Prozess. Völkermord vor Gericht, München 2013. Folgend zitiert als: Pendas: Auschwitz-Prozess.
15 Vgl. Pendas: Auschwitz-Prozess, S. 252–287.
16 Osterloh, Jörg; Vollnhals, Clemens (Hgg): NS-Prozesse und deutsche Öffentlichkeit. Besatzungszeit, frühe Bundesrepublik und DDR, Göttingen 2011.
17 Wenzel, Mirjam: Gericht und Gedächtnis. Der deutschsprachige Holocaust-Diskurs der sechziger Jahre, Göttingen 2009.

sichtlich des Umgangs mit der NS-Vergangenheit bietet der Historiker Werner Renz.[18] Zur Person Bauers sind die zwei, in der Forschung diskutierten und oftmals verglichenen, Biographien von Irmtrud Wojak[19] und Ronen Steinke[20] zu erwähnen, die sich intensiv mit dem Leben Bauers beschäftigen und dabei unterschiedliche Schwerpunkte setzen. Ausgewählte Kapitel der Arbeit stützen sich zudem auf juristische, philosophische oder theaterwissenschaftliche Literatur sowie auf Verweise aus dem Internet. Wenn von der Stadt „Frankfurt" gesprochen wird, handelt es sich dabei stets um Frankfurt am Main.

Obwohl im nachfolgenden Text, aufgrund der besseren Lesbarkeit, das generische Maskulinum[21] verwendet wird, bezieht sich der Text auf alle Geschlechter. Generell ist zu sagen, dass Frauen nur sehr eingeschränkt Gefolge der SS oder der Wehrmacht werden konnten und die Männerquote der angeklagten NS-Verbrecher deutlich höher ausfällt.[22] In den Fußnoten werden Kurzzitate für öfter zitierte Werke verwendet, welche im Literaturverzeichnis vollständig ausgelesen werden können.

18 Renz, Werner: Auschwitz vor Gericht. Fritz Bauers Vermächtnis und seine Missachtung, Hamburg 2018. Folgend zitiert als: Renz: Auschwitz vor Gericht.

19 Wojak, Irmtrud: Fritz Bauer (1903–1968). Eine Biographie, München 2016. Folgend zitiert als: Wojak: Fritz Bauer.

20 Steinke, Ronen: Fritz Bauer oder Auschwitz vor Gericht, München 2014. Folgend zitiert als: Steinke: Fritz Bauer oder Auschwitz vor Gericht.

21 Beispielsweise Zeuge statt Zeug*innen.

22 Frauen galten lange nicht als Täterinnen und werden vermehrt als unbeteiligte Zeitgenossinnen oder als unpolitisch und unschuldig dargestellt. Der Ausschluss von Frauen in führenden Ämtern der NSDAP bestärkte eine solche Sicht. Das Frauen sehr wohl an der Ausführung von NS-Politik, einschließlich Völkermord und Euthanasie beteiligt waren, zeigt Kathrin Kompisch, die die so genannten „KZ-Aufseherinnen" charakterisiert, s. Kompisch, Kathrin: Täterinnen. Frauen im Nationalsozialismus, Köln 2008. Zu Täterinnenstereotypen vgl. S. 7–18, zur These der Frau als Teil der NS-Politik vgl. S. 238–240. Sowie: Arendes, Cord: Zwischen Justiz und Tagespresse. „Durchschnittstäter" in regionalen NS-Verfahren, Paderborn 2012, S. 32–42.

1 Historischer Hintergrund

Nach 1945 und dem Ende des „Dritten Reiches" sahen sich die alliierten und westdeutschen Gerichte mit mehreren Fragen und Problemen konfrontiert, insbesondere mit der Frage nach einer angebrachten Strafe für Verbrechen mit nationalsozialistischem Hintergrund. So verübten die Schergen des NS-Staates besonders zwischen den Jahren 1933 und 1945 unvorstellbare Verbrechen, für welche diese nicht belangt worden waren. Verbrechen, die während des Bestehens des NS-Regimes begangen wurden, waren insofern besonders, als dass sie unter anderem von der westdeutschen Regierung angeordnet bzw. gebilligt wurden oder lediglich mit einem geringen Strafmaß bemessen waren.

Daran anschließend musste ein Weg gefunden werden, wie mit Verfahren und Urteilen von nicht mehr existierenden Justizanstalten[23] umgegangen werden sollte.[24] Mit dem Militärregierungsgesetz Nr. 1 und dem Kontrollratsgesetz[25] Nr. 1. vom 20.09.1945 „wurden die wichtigsten Gesetze politischer Natur oder Ausnahmegesetze auf welchen das Nazi-Regime beruhte, außer Kraft [gesetzt]", wie beispielsweise das Ermächtigungsgesetz.[26]

---

23 Zum Beispiel mit Urteilen des Volksgerichtshofs oder der Reichsgerichte, vgl. Freudiger, Kerstin: Die juristische Aufarbeitung von NS-Verbrechen, in: Knut Wolfgang Nörr, Joachim Rückert, Bernd Rüthers, Michael Stolleis (Hgg.): Beiträge zur Rechtsgeschichte des 20. Jahrhunderts, Band 33, Tübingen 2002, S. 12. Folgend zitiert als: Freudiger: Juristische Aufarbeitung von NS-Verbrechen.

24 Vgl. Raim, Edith: Justiz zwischen Diktatur und Demokratie. Wiederaufbau und Ahndung von NS-Verbrechen in Westdeutschland 1945–1949, München 2013, S. 223. Folgend zitiert als: Raim: Justiz zwischen Diktatur und Demokratie.

25 Folgend Abgekürzt als KRG.

26 Freudiger: Juristische Aufarbeitung von NS-Verbrechen, S. 12.

1.1 „Entnazifizierung" und Nürnberger Prozesse 1945–1948

Der allgemeine deutsche Gerichtsbetrieb war bereits seit 1944 niedergelegt, so dass sich die deutschen Gerichte nach dem Krieg mit unerledigten Fällen konfrontiert sahen.[27] Unmittelbar nach Kriegsende waren die deutschen Gerichte in ihrer Zuständigkeit deutlich eingeschränkt, de facto war eine eigenständige Verfolgung von strafrechtlichen Handlungen nicht mehr ohne weiteres möglich.[28] Die genauen Bedingungen wurden im KRG Nr. 4 festgehalten, welches im Oktober 1945 verabschiedet wurde. Um einen Strafprozess anzustreben, in welchem alliierte Personen verwickelt waren, war die Befugnis der alliierten Militärbehörden nötig. Die Zuständigkeit deutscher Gerichte im Falle einer Strafverfolgung bei Verbrechen von Deutschen an Deutschen oder Staatenlosen wurde jedoch weitgehend innerhalb der alliierten Besatzungszonen erteilt.[29] Wie der Historiker Martin Broszat 1981 schrieb, hatte ein solches Vorgehen den Vorteil, dass ein von einem deutschen Gericht ausgesprochenes Urteil von wesentlich größerer Bedeutung für die aufzubauende Demokratie war, als Urteile der Tribunale der Siegermächte: „Es würde dadurch die Legende im Keim erstickt, daß Kriegsverbrecher zwar von einem Internationalen Gerichtshof, aber nicht vom deutschen Volk für schuldig befunden worden sind."[30] Das KRG Nr. 4, das Gesetz zur „Umgestaltung des Deutschen Gerichtswesens" besagte, dass die Gerichtsbarkeit der deut-

27 Vgl. Raim: Justiz zwischen Diktatur und Demokratie, S. 222.

28 Hinzu kamen weitere Einschränkungen, wie Mangel an Räumlichkeiten, Heizmöglichkeiten oder Glühbirnen, vgl. Raim: Justiz zwischen Diktatur und Demokratie, S. 237.

29 Innerhalb der Amerikanischen Besatzungszone war dies im Einzelfall zu prüfen. Eine solche Prüfung wurde jedoch auf Grund von mangelnden personalen Kapazitäten nicht im Detail durchgeführt, vgl. Freudiger: Juristische Aufarbeitung von NS-Verbrechen, S. 14.

30 Zitat aus: Akten zur Vorgeschichte der Bundesrepublik 1945–1945, Band 1, München 1976, S. 925, zitiert nach: Broszat, Martin: Siegerjustiz oder strafrechtliche „Selbstreinigung". Vergangenheitsbewältigung der Justiz 1945–1949, in: Karl Dietrich Bracher, Hans-Peter Schwarz (Hgg.): Vierteljahresheft für Zeitgeschichte, Heft 4, München 1981, S. 479. Folgend zitiert als: Broszat: Siegerjustiz oder strafrechtliche „Selbstreinigung".

schen Gerichte auch bei weiteren Zivil- oder Strafverfahren entzogen werden könne. Zudem wurden jegliche Beamte, denen eine Parteimitgliedschaft innerhalb der NSDAP nachgewiesen werden konnte, aus juristischen Berufen suspendiert, so dass sich die Staatsanwaltschaft neu formieren musste. Ein Grund für dieses Vorgehen war, dass durch das gewaltsame Ende des „Dritten Reiches" keine so genannte „Bewältigung" der Vergangenheit stattfinden konnte, so dass die angestellten Beamten vermeintlich noch immer das Rechtsverständnis des Nationalsozialismus in sich trugen.[31] Das Misstrauen gegenüber der vorbelasteten deutschen Justiz wurde also deutlich.[32] Die so genannte „Entnazifizierung" wurde mit dem Hauptkriegsverbrecherprozess in Nürnberg eingeleitet.[33] Um der Weltöffentlichkeit aufzuzeigen, was sich in Europa zugetragen hat, rissen die Alliierten im größten Gerichtssaal des Nürnberger Justizpalastes sogar eine Wand ein. Besonders am Prozess in Nürnberg ist auch die Auswahl der Angeklagten. Unter diesen befanden sich nicht nur Nationalsozialisten, sondern auch „alte Nationalkonservative, Hitlers Steigbügelhalter, und nach längeren internen Diskussionen haben die amerikanischen, britischen, sowjetischen und französischen Ankläger beschlossen, auch die Geldgeber und Industrieführer des NS-Systems mit auf die symbolträchtige Anklagebank zu setzen [...]."[34] So sollte ein Querschnitt durch das gesamte NS-System aufgezeigt und verurteilt werden, unabhängig von Dienstgrad

---

31 Vgl. Raim: Justiz zwischen Diktatur und Demokratie, S. 238.

32 Vgl. Benz, Wolfgang: Geschichte des Dritten Reiches, München 2000, S. 273. Martin Broszat untersucht ebenfalls die Fragestellung unter welchen Bedingungen bzw. mit welcher Eigenständigkeit die deutsche Justiz während der Besatzungszeit einen Anfang in Bezug auf die Strafverfolgung von NS-Verbrechen setzte, vgl. Broszat: Siegerjustiz oder strafrechtliche „Selbstreinigung", S. 480.

33 Vgl. dazu und zu Legitimationsgrundlagen der alliierten Strafverfolgung: Jasch, Hans-Christian; Kaiser, Wolf: Der Holocaust vor deutschen Gerichten. Amnestieren, Verdrängen, Bestrafen, Ditzingen 2017, S. 12–15. Folgend zitiert als: Jasch; Kaiser: Der Holocaust vor deutschen Gerichten.

34 Steinke, Ronen: Fritz Bauer, Die Kriegsverbrecher vor Gericht (1945), in: Sonja Buckel, Isabel Feichtner, Adreas Fischer-Lescano, Felix Hanschmann, Tanja Hitzel-Cassagnes, Eva Kocher, Nora Markard, Dana Schmalz, Maria Wersig, Tim Wihl, Ingeborg Zerbes (Hgg.): Kritische Justiz 46, Heft 3, Baden-Baden 2013, S. 304. Folgend zitiert als: Steinke: Kriegsverbrecher vor Gericht.

oder expliziter Funktion.[35] Insgesamt wurden zwischen 1945 und 1949 in etwa 3500 Prozesse vor westdeutschen Gerichten verhandelt, bei denen in etwa 4000 Verurteilungen ausgesprochen wurden.[36] Diese Zahl erscheint vor dem Hintergrund der umfangreichen Verbrechen und des großen Täterkreises „aus der Verwaltung, der Industrie und den Wissenschaften" vergleichsweise gering.[37] Parallel wurde unter dem Sinnspruch „Neuordnung statt Entnazifizierung" an einem „Reorientierungsprogramm" innerhalb des juristischen Nachwuchses in der amerikanischen Besatzungszone gearbeitet, welches im Bereich der Justiz unabdingbar schien.[38]

> „Die gegenwärtig tätigen Juristen, seien es Richter, Staatsanwälte oder Rechtsanwälte, seien in ihrer Mehrheit NSDAP-Angehörige bzw. Angehörige der Gliederung der NSDAP gewesen. Eine Veränderung des deutschen Rechtswesens müsse daher eine jüngere Generation schultern."[39]

Ein gemeinsames Vorgehen der Besatzungsmächte im Sinne einer Reorientierung gab es jedoch nicht.[40] Trotz jenen Bemühungen zeigt das 2019 erschienene Werk des Strafrechtlers Kai Ambos auf, dass viele NS-Dozenten an deutschen Universitäten weiter praktizierten und dass sich einzelne strafrechtliche Paragraphen bis ins Jahr 2019 an nationalsozialistisches Gedankengut anlehnten.[41]

35 Vgl. Steinke: Kriegsverbrecher vor Gericht, S. 304.

36 Vgl. Eichmüller: Keine Generalamnestie, S. 2.

37 Vgl. Jasch; Kaiser: Der Holocaust vor deutschen Gerichten, S. 92.

38 Vgl. Raim: Justiz zwischen Diktatur und Demokratie, S. 330. Zur Definition der Reorientierung, s. Meyer, Dennis: Reeducation, in: Torben Fischer; Matthias Lorenz (Hgg.): Lexikon der „Vergangenheitsbewältigung" in Deutschland. Debatten- und Diskursgeschichte des Nationalsozialismus nach 1945, Bielefeld 2017, S. 19–21.

39 Raim: Justiz zwischen Diktatur und Demokratie, S. 331.

40 Vgl. Osterloh, Jörg; Vollnhals; Clemens: Einleitung, in: Jörg Osterloh, Clemens Vollnhals (Hgg.): NS-Prozesse und deutsche Öffentlichkeit. Besatzungszeit, frühe Bundesrepublik und DDR, Göttingen 2011, S. 12.

41 Vgl. Ambos, Kai: Nationalsozialistisches Strafrecht: Kontinuität und Radikalisierung, Baden-Baden 2019, S. 12, 38–41. Zu weiteren Problemen innerhalb der Entnazifizierung der Justiz, s. Görtemaker, Manfred; Safferling, Christoph: Die Akte Rosenburg. Das Bundesministerium der Justiz und die NS-Zeit, München 2016, S. 80–84.

Um die stark ausgedünnte Justiz im Zuge der „Entnazifizierungsprozeduren" zu entlasten, wurden bereits ab dem Jahr 1947 Straffreiheitsgesetze erlassen, „zum Teil unter Einbeziehung von Gefängnisstrafen bis zu einem Jahr."[42] Anhand von Quellen zeigt die Historikerin Edith Raim auf, dass seit 1945 in sämtlichen Besatzungszonen jährlich zehntausende Verfahren eingestellt wurden.[43] Wie Frei herausarbeitet, zielten solche Amnestien jedoch primär auf die Notkriminalität in der frühen Nachkriegszeit. Raim betont, dass diese deutlich zu spüren war und beruft sich auf Kriminalstatistiken aus der Zeit zwischen 1945 und 1949.[44] Straftaten in Verbindung mit der „Aufrechterhaltung der NS-Herrschaft" oder die Verbreitung von nationalsozialistischer Ideologie wurden weiterhin verfolgt und waren von der Amnestie ausgeschlossen. Weiter betont Frei, dass im Juni 1947 innerhalb der britischen Besatzungszone ein Gesetz erlassen wurde, dass die begangenen Straftaten, welche lediglich im „Dritten Reich" geahndet wurden, frei von Strafe stellte.[45] Als Beispiel für einen solchen „Gesetzesverstoß" ist beispielsweise der Tatbestand der „Rassenschande" zu nennen.[46]

1.2 Das Kontrollratsgesetz Nr. 10

Einen weiteren historisch bedeutsamen Erlass bildet das KRG Nr. 10 vom 20. Dezember 1945, welches die Strafverfolgung nationalsozialistischer Verbrechen durch die Siegermächte regelte und in allen Besatzungszonen angewendet werden sollte.[47] Weiter ermächtigte das KRG Nr. 10 die deutschen Gerichte in der britischen, französischen und

42 Frei: Vergangenheitspolitik, S. 29.
43 Vgl. Raim: Justiz zwischen Diktatur und Demokratie, S. 228.
44 So ist die Anzahl der „schweren Diebstähle" in Bayern beispielsweise im Jahr 1946 um 380 % gestiegen. Begründet wird dies durch den Verlust von Eigentum, herbeigeführt unter anderem durch die Bombardierungen während des Krieges, vgl. Raim: Justiz zwischen Diktatur und Demokratie, S. 203–204.
45 Vgl. Frei: Vergangenheitspolitik, S. 29–30.
46 Vgl. Raim: Justiz zwischen Diktatur und Demokratie, S. 223.
47 Vgl. Jasch; Kaiser: Der Holocaust vor deutschen Gerichten, S. 35.

sowjetischen Besatzungszone formal, Verbrechen, die vor 1945 von Deutschen an Deutschen oder Staatenlosen begangen worden waren, nach Normen, die zuvor durch ein Internationales Militärtribunal definiert wurden, zu bestrafen.[48] Diese mussten geschaffen werden, um die unterschiedlichen Verbrechen und verschiedenen Formen der Partizipation sanktionieren zu können.[49] Im amerikanischen Sektor wurde die Anwendung durch deutsche Gerichte jedoch vorerst verboten und nur unter Vorbehalt in Berlin zugelassen. Das KRG Nr. 10 war innerhalb der deutschen Jurisprudenz umstritten. Dies lag zum einen daran, dass für die neu geschaffenen Tatbestände keine Mindest- bzw. Höchststrafe festgelegt wurde, sowie an der Tatsache, dass das KRG Nr. 10 rückwirkend anwendbar sein sollte. Eine solche Rückwirkung widerspräche jedoch dem Rechtsstaatsprinzip und wurde bereits in Artikel 116 der Weimarer Verfassung ausgeschlossen: „Eine Handlung kann nur dann mit einer Strafe belegt werden, wenn die Strafbarkeit gesetzlich bestimmt war, bevor die Handlung begangen wurde."[50] Kritisch dazu betrachten Hans-Christian Jasch und Wolf Kaiser den historischen Charakter des deutschen Strafrechts in Bezug auf die NS-Verbrechen, wenn sie sagen, dass

> „das alte Reichsstrafgesetzbuch von 1871 nicht für staatlich organisierte Massenverbrechen wie die Euthanasiemorde oder den Holocaust geschaffen worden [war], sondern für alltägliche Vergehen unter Bürgern in der Gesellschaft des ausgehenden 19. Jahrhunderts. Dennoch entschied sich der bundesdeutsche Gesetzgeber dafür, dieses Recht auch zur Ahndung der NS-Gewaltverbrechen heranzuziehen."[51]

48 Neu geschaffene Tatbestände waren Verbrechen gegen den Frieden, Kriegsverbrehen Verbrechen gegen die Menschlichkeit und etwas später auch die Zugehörigkeit zu als verbrecherisch eingestuften Vereinen oder Organisationen, vgl. Weinke, Anette: Die Verfolgung von NS-Tätern im geteilten Deutschland. Vergangenheitsbewältigungen 1949–1969 oder: Eine deutsch-deutsche Beziehungsgeschichte im Kalten Krieg, Paderborn 2002, S. 24–26.

49 Vgl. Jasch; Kaiser: Der Holocaust vor deutschen Gerichten, S. 92.

50 Artikel 116 der Weimarer Verfassung, zitiert nach: Jasch; Kaiser: Der Holocaust vor deutschen Gerichten, S. 38. Das Rückwirkungsverbot findet sich im späteren herausgegebenen Grundgesetz in Artikel 103 Absatz 2.

51 Jasch; Kaiser: Der Holocaust vor deutschen Gerichten, S. 201.

Görtemaker und Safferling sehen beim Festhalten des Rückwirkungsverbotes und der eigenen Anwendung eines als „schändlich" angesehenen „Besatzungsrechts" ebenfalls einen Beweis auf die bequeme Verschleierung der eigenen Untätigkeit.[52] Es war zugleich Schutz und die stärkste juristische Rückversicherung für die von Wolfgang Naucke bezeichnete „staatsverstärkte Kriminalität".[53] Die Alliierten waren sich des Problems bewusst und führten daher die Menschenrechte als überzeitlichen und weltweiten Bezugspunkt innerhalb der Rechtsprechung ein, so Ganzenmüller.[54] Fritz Bauer äußerte sich in seinem Werk „Die Kriegsverbrecher vor Gericht" ebenfalls zum Rechtsgrundsatz „nulla poena sine lege", also „keine Strafe ohne Gesetz". Er argumentiert, dass es schon immer Praxis gewesen sei, feindliche Kriegsverbrecher vor Militärgerichte zu stellen, so dass dies grundsätzlich nicht gegen den Rechtsgrundsatz spräche. Dass es in Nürnberg viel mehr um die diffizile Frage gehen würde, ob die einseitige militärische Aggression des Deutschen Reiches nachträglich als Angriffskrieg und damit als Verbrechen eingestuft werden sollte, sah Bauer nicht voraus.[55]

1.3 Gründung der BRD und Amnestien 1949–1958

Durch die hohe Anzahl an gerichtlichen Prozessen wuchs, nach Norbert Frei, der Wunsch nach einem Neuanfang und einer „Generalamnestie" in der deutschen Gesellschaft. Diese Forderung begründet Frei damit, dass die verhängten Strafen der Alliierten als ungerecht ange-

52 Vgl. Görtemaker, Manfred; Safferling, Christoph: Die Akte Rosenburg. Das Bundesministerium der Justiz und die NS-Zeit, München 2016, S. 60. Folgend zitiert als: Görtemaker; Safferling: Die Akte Rosenburg.

53 Naucke, Wolfgang: Die strafjuristische Privilegierung staatsverstärkter Kriminalität, Frankfurt 1996, S. 47.

54 Vgl. Ganzenmüller, Jörg: Der Rechtsstaat und die strafrechtliche Aufarbeitung von Diktaturen. Ein Problemaufriss, in: Jörg Ganzenmüller (Hgg.): Recht und Gerechtigkeit: Die strafrechtliche Aufarbeitung von Diktaturen in Europa, Köln 2017, S. 12. Folgend zitiert als: Ganzenmüller: Der Rechtsstaat und die strafrechtliche Aufarbeitung.

55 Vgl. Steinke: Kriegsverbrecher vor Gericht, S. 299–301.

sehen wurden. Eine bundesweite Amnestie, auch mit dem Einbezug von nationalsozialistisch geprägten Verbrechen, wurde bereits ab dem Sommer 1949 diskutiert.[56] Sie sollte die Masse der Mitläufer und Minderbelasteten politisch sowie sozial in das neue System integrieren.[57]

> „Die wirklich Schuldigen an den Verbrechen, die in der nationalsozialistischen Zeit und im Kriege begangen worden sind, sollen mit aller Strenge bestraft werden."[58]

Fraglich bei jener Aussage ist, wer zu der Gruppe der „wirklich Schuldigen" zählte und wer nicht. Fröhlich arbeitet heraus, dass Konrad Adenauer eine Amnestie für niedere Vergehen während des Krieges und in der Nachkriegszeit in Aussicht stellte, um den politischen Neubeginn durch die Konstitution der BRD zu markieren.[59] Dabei waren NS-Straftaten im ersten Entwurf noch ausgenommen, um die BRD auch im Ausland zu legitimieren, als glaubwürdig aufzutreten und zu unterstreichen, dass die BRD „aus der Vergangenheit die nötigen Lehren [ziehen wolle]."[60] Die Bestrafung von NS-Verbrechen wurde also sowohl als innen- als auch außenpolitisches Erfordernis dargestellt, so Weinke.[61] Fraglich war zudem, inwieweit der Bund überhaupt in jenen Gesetzgebungsverfahren die Zuständigkeit besaß.[62]

---

56 Vgl. Frei: Vergangenheitspolitik, S. 29–30.

57 Vgl. Osterloh, Jörg; Vollnhals; Clemens: Einleitung, in: Jörg Osterloh, Clemens Vollnhals (Hgg.): NS-Prozesse und deutsche Öffentlichkeit. Besatzungszeit, frühe Bundesrepublik und DDR, Göttingen 2011, S. 12.

58 Zitat Konrad Adenauers aus dessen Regierungserklärung vom 20. September 1949, entnommen aus: Eichmüller: Keine Generalamnestie, S. 36.

59 Vgl. Fröhlich, Claudia: Der „Ulmer Einsatzgruppen-Prozess" 1958. Wahrnehmung und Wirkung des ersten großen Holocaust-Prozesses, in: Jörg Osterloh, Clemens Vollnhals (Hgg.): NS-Prozesse und deutsche Öffentlichkeit. Besatzungszeit, frühe Bundesrepublik und DDR, Göttingen 2011, S. 237. Folgend zitiert als: Fröhlich: Der „Ulmer Einsatzgruppen-Prozess".

60 Eichmüller, Andreas: Die strafrechtliche Verfolgung von NS-Verbrechen und die Öffentlichkeit der frühen Bundesrepublik Deutschland 1949–1958, in: Jörg Osterloh, Clemens Vollnhals (Hgg.): NS-Prozesse und deutsche Öffentlichkeit. Besatzungszeit, frühe Bundesrepublik und DDR, Göttingen 2011, S. 54.

61 Vgl. Weinke, Anette: Täter, Opfer, Mittäter, in: Georg Wamhof (Hgg.): Das Gericht als Tribunal oder: Wie der NS-Vergangenheit der Prozess gemacht wurde, Göttingen 2009, S. 73. Folgend zitiert als: Weinke: Täter, Opfer, Mittäter.

62 Vgl. Frei: Vergangenheitspolitik, S. 31.

Im Verlauf der Verhandlungen wurde in Bezug auf die Amnestieforderungen ein späterer Entwurf des Gesetzes verabschiedet. Um die deutschen Gerichte weiter zu entlasten, wurden mit dem Straffreiheitsgesetz von 1949 auch solche NS-Verbrechen mit in die Amnestie aufgenommen, die eine maximale Strafe von sechs Monaten Gefängnis oder eine Strafzahlung von 5.000 DM vorsahen. Personen, die zu einer Freiheitsstrafe zwischen sechs Monaten und einem Jahr verurteilt wurden, kamen hingegen auf Bewährung frei.[63] Voraussetzung für die „einmalige Sondermaßnahme" war, dass die Tat vor dem 15. September 1949 begangen worden sein musste. Frei stellt in seinem Werk „Vergangenheitspolitik" die Argumente der einzelnen Bundesländer innerhalb der Amnestiedebatte nach und weist darauf hin, dass ein zentrales Argument gegen das später verabschiedete Gesetz gewesen sei, dass auch „schwerwiegende nazistische Gewalttaten" erfasst seien und damit vor allem die Ausschreitungen gegen Juden im Jahr 1938 amnestiert werden würden.[64] Frei erklärt weiterhin, dass die NS-Verbrechen nur einen vergleichsweise geringen Teil[65] der durch das Gesetz amnestierten Strafen ausmachten, jedoch zu vermuten sei, dass sich unter den Profiteuren des Straffreiheitsgesetzes auch solche befänden, die sich wegen Körperverletzung mit Todesfolge oder Totschlag zu verantworten hatten. In einem 1970 erschienen Aufsatz des Politikwissenschaftlers Peter Brokmeier führt dieser auf, dass in den meisten Urteilen in Bezug auf NS-Verbrechen, die Grenze zwischen Täterschaft und Teilnahme zugunsten der Teilnahme verschoben wurde, was laut ihm auf eine Abneigung „die NS-Vergangenheit kritisch zu durchdringen", zurückzuführen sei.[66] Durch die Verabschiedung

---

63 Nachweislich wurden so 2547 Verfahren und Voruntersuchungen eingestellt, s. Eichmüller: Keine Generalamnestie, S. 38–39.

64 Vgl. Frei: Vergangenheitspolitik, S. 32.

65 Genaue Zahlen zu den einzelnen Straftaten und die Anzahl der Verurteilten sowie die Einschätzung Freis, in welchen Personengruppen sich vermehrt NS-, SA- oder SS-Funktionäre befänden in: Frei: Vergangenheitspolitik, S. 52.

66 Brokmeier, Peter: Die Vorstufe der Endlösung. Zum Frankfurter Euthanasieprozeß 1967/68, in: Walter Fabian (Hgg.): Gewerkschaftliche Monatshefte 21, Köln 1970, S. 36–37.

des Gesetzes sieht er den Einstieg in „eine rasch fortschreitende Delegitimierung der Verfolgung von NS-Straftaten“ und den Anfang nach der Forderung einer „Generalamnestie“. Bis zum 31.01.1951 kam das Gesetz insgesamt in etwa 800.000 Fällen zur Anwendung, darunter sind 250.000 Verfahrenseinstellungen zu verzeichnen.[67]

Durch das Inkrafttreten des KRG Nr. 13 im Januar 1950, bekam die deutsche Justiz ihre Souveränität zurück. Das von der Alliierten Hohen Kommission beschlossene KRG Nr. 13 gab vor, dass die deutsche Justiz ab dem 1. Januar 1950 die Strafverfolgung von NS-Verbrechen, welche an Nichtdeutschen begangen worden waren, auch unter dem KRG NR. 10 anklagen und verhandeln durfte.[68] Die tatsächliche Verfolgung von NS-Verbrechern war jedoch zu Beginn der 1950er Jahre überschaubar.[69] Dies lässt sich unter anderem damit begründen, dass von der deutschen Bevölkerung ein baldiger Abschluss der „Entnazifizierung“ erwartet wurde und mit der „Ära Adenauer“ ein wirtschaftlicher Aufschwung erreicht wurde, auf welchen sich die Gesellschaft konzentrieren wolle.[70] Mit der Verabschiedung des Entnazifizierungsschlussgesetzes im Mai 1951 war eben jene in den Köpfen vieler Personen erreicht, was eine „effektive Strafverfolgung von NS-Verbrechen durch die bundesdeutschen Justizbehörden [einschränkte].“[71] Dies würde sich durch die geringe mediale Präsenz der deutschen Verfahren zwischen den Jahren 1945 und 1951 bestätigen und einen allgemeinen „Stimmungswandel“ aufzeigen, so Rückerl.[72] Eichmüller belegt die entschleunigte Entwicklung mit dem Argument, dass von 6500 SS-Personen in Auschwitz nur 50 vor deutschen Gerichten verurteilt wurden.[73] Ende Oktober des Jahres 1951 ließ der Bundestagsausschuss für Kriegsgefangene verlauten, man

67 Vgl. Frei: Vergangenheitspolitik, S. 50–53.
68 Vgl. Broszat: Siegerjustiz oder strafrechtliche „Selbstreinigung“, S. 540.
69 Vgl. Görtemaker; Safferling: Die Akte Rosenburg, S. 59.
70 Vgl. Broszat: Siegerjustiz oder strafrechtliche „Selbstreinigung“, S. 543.
71 Eichmüller: Keine Generalamnestie, S. 108.
72 Vgl. Rückerl, Adalbert: Die Strafverfolgung von NS-Verbrechen 1945–1978. Eine Dokumentation, Karlsruhe 1979, S. 47.
73 Vgl. Jasch; Kaiser: Der Holocaust vor deutschen Gerichten, S. 200.

würde keine Pläne hinsichtlich einer Generalamnestie verfolgen, um die „wirklich" schweren Verbrecher unter Strafe stellen zu können.[74] Gleichzeitig wurde im August 1951 die Anwendung des KRG Nr. 10 durch die Alliierte Hohe Kommission beendet, was die Frage eröffnete, inwieweit das deutsche Strafrecht bereit war, über die Massenverbrechen, welche noch nicht vollständig aufgearbeitet waren, zu urteilen.[75]

Nach der Bundestagswahl 1953 beriet die neu gewählte Regierung über ein weiteres Straffreiheitsgesetz, welches für die „Endphasenverbrechen" aus der Zeit zwischen dem 1. Oktober 1944 und dem 31. Juli 1945 gelten und die deutsche Justiz weiter entlasten sollte.[76] Im Fokus standen solche Täter, die „einen Befehl ausführen oder eine Amts-, Dienst- oder Rechtspflicht erfüllen zu müssen [glaubten]."[77] Ausgeschlossen von jenem Gesetzesentwurf waren diejenigen, welche sich „gewissenlos über die höhere Rechtspflicht hinweggesetzt haben." Zwar wollte die amtierende Regierung keine Generalamnestie für NS-Straftaten in Aussicht stellen, erkannte jedoch die besonderen Umstände während der letzten Kriegsjahre an und beschränkte die Amnestierung der Taten auf eine maximale Freiheitsstrafe von drei Jahren.[78] Renz führt aus, dass vor allem die Vorstellung von Rechtsnormen, Gerechtigkeit und Menschlichkeit verschoben wurden und verweist auf den vermeintlichen „Befehlsnotstand" der agierenden Täter.[79] Die Debatten um das 1954 verabschiedete Straffreiheitsgesetz wurden, wie schon im Jahr 1949, äußerst kontrovers geführt und obwohl die breite Masse der Bevölkerung einem Amnestiegedanken eher positiv begegnete, entfachten die Gesetzesentwürfe poli-

---

74 Vgl. Eichmüller: Keine Generalamnestie, S. 109.

75 Vgl. Broszat: Siegerjustiz oder strafrechtliche „Selbstreinigung", S. 540.

76 Vgl. Perels, Joachim: Amnestien für NS-Täter in der Bundesrepublik, in: Thomas Blanke, Peter Derleder, Rainer Erd, Günter Frankenberg, Monika Frommel, Klaus Günther, Ulrich Mückenberger, Joachim Perels, Sibylle Raasch (Hgg.): Die juristische Aufarbeitung des Unrechts-Staats, Baden-Baden 1998, S. 680–681.

77 Rückerl, Adalbert: NS-Verbrechen vor Gericht. Versuch einer Vergangenheitsbewältigung, Heidelberg 1982, S. 281–282.

78 Tatsächlich wurde das Gesetz in Strafverfahren wegen NS-Verbrechen „nur" 88 mal angewendet.

79 Vgl. Renz: Auschwitz vor Gericht, S. 87–91.

tischen Widerstand. Das Straffreiheitsgesetz von 1954 ist ebenfalls im Zuge der aufkeimenden „Schlussstrichmentalität" der politischen Mehrheit zu werten. Eichmüller unterstreicht, dass die Diskussionen um das Gesetz erneut deutlich machten, dass ein baldiges Ende der Verfolgung von NS-Verbrechen erwartet wurde. Dieses Bild wurde durch die wenigen Prozesse und die geringe mediale Berichterstattung gefördert.[80]

Am 5. Mai 1955 unterzeichnete die Bundesrepublik Deutschland dem Nordatlantikvertrag und erlangte als Mitglied der NATO[81] die staatliche Souveränität zurück. Ein Faktor, welcher sich auch auf die Strafverfolgung von NS-Verbrechen auswirkte, da nun nach einer differenzierten Gesetzgebung gerichtet wurde. Die bereits zuvor gefällten Urteile behielten aber, gemäß des so genannten „Überleitungsertrages" ihre Wirksamkeit. Dieser „Vertrag zur Regelung aus Krieg und Besatzung entstandener Fragen", der ebenfalls am 5. Mai 1955 in Kraft trat, sicherte dem westlichen Teil Deutschlands zudem die justizielle Souveränität. Ausgeschlossen wurde dabei jedoch eine erneute Bewertung bzw. Rechtsprechung zu bereits durch die USA, Großbritannien oder Frankreich verhandelten Fällen nach dem Grundsatz „ne bis in idem"[82]. Diese Regelung erschwerte damals wie heute eine Verfolgung der Täter.[83] Im Mai 1956 wurde, im Einklang mit der Aufhebung des Besatzungsrechts, das alliierte KRG Nr. 10 außer Kraft gesetzt.[84]

80 Vgl. Eichmüller: Keine Generalamnestie, S. 125–127.

81 Die verwendete Abkürzung für die „North Atlantic Treaty Organisation".

82 Übersetzt als: „Nicht zweimal in der selben [Sache]".

83 So wurden beispielsweise SS-Akteure in Frankreich als Kriegsverbrecher verurteilt, die Urteile durch Abwesenheit der Angeklagten jedoch nicht durchgesetzt. Da die Verjährungsfrist für Kriegsverbrechen in Frankreich bei 20 Jahren liegt, kann die Verurteilung nach jenen 20 Jahren nicht mehr vollstreckt werden. Dies gilt auch, obwohl nach deutschem Strafrecht keine Verjährung eintritt. Nach dem Schengen-Abkommen von 1985 darf niemand für eine Tat verurteilt werden, für welche er in einem anderen Mitgliedsstaat bereits verurteilt worden ist, vgl. EU-Grundrechtecharta Art. 50; Schengener Durchführungsübereinkommen Art. 54. Das Verbot der Doppelbestrafung wurde im Juni 2016 jedoch partiell gelockert, vgl. Urteil des EuGH vom 29.06.2016, Aktenzeichen: C-486/14.

84 Vgl. Reichel: Vergangenheitsbewältigung, S. 183.

1.4 Der Remer-Prozess in Braunschweig 1952

> „Was am 20. Juli 1944 vielen noch dunkel vorgenommen sein mag, ist heute durchschaubar, was damals verständlicher Irrtum gewesen sein mag, ist heute unbelehrbarer Trotz, böser Wille und bewußte Sabotage unserer Demokratie.“[85]

Unter Anbetracht des zeitgenössischen Stimmungsbildes innerhalb der BRD scheint der Remer-Prozess eine Sonderrolle einzunehmen. Sowohl Irmtrud Wojak als auch Boris Burghardt stellen die besondere Bedeutung des Prozesses im Jahr 1952 in Braunschweig heraus, da dieser den Grundstein für die juristische Rehabilitation des Widerstands gegen den Nationalsozialismus legte.[86]

Am 20. Juli 1944 explodierte in Hitlers Hauptquartier ein Sprengsatz. Hitler überlebte das Attentat und daraufhin verhaftete der Offizier der Wehrmacht und Kommandant des Berliner Wachbataillons Otto Ernst Remer die vermeintlich am Attentat beteiligten Personen. Folgend wurde der Kommandant befördert und innerhalb der Propagandamaschinerie als Held dargestellt. Nach Beendigung des Krieges gründete Remer die im sehr rechten Spektrum angesiedelte „Sozialistische Reichspartei“, welche unter anderem ein Programm zur „Lösung der Judenfrage“ vertrat und zog mit dieser in das niedersächsische Landesparlament ein. Während des Wahlkampfes blieb Remer bei seiner Position, die am Attentat beteiligten Widerstandskämpfer, als Verräter zu bezeichnen und verkündete dies auch auf öffentlichen Veranstaltungen seiner Partei. Einer der Zuhörer erstattete daraufhin Anzeige wegen Beleidigung, die an den hessischen Generalstaatsanwalt Fritz Bauer

---

85 Bauer, Fritz: Eine Grenze hat Tyrannenmacht. Plädoyer im Remer-Prozeß (1952), in: Fritz Bauer, Joachim Perels, Irmtrud Wojak (Hgg.): Die Humanität der Rechtsordnung. Ausgewählte Schriften, Frankfurt am Main 1998, S. 169. Folgend zitiert als: Bauer: Eine Grenze hat Tyrannenmacht.

86 Vgl. Burghardt, Boris: Vor 60 Jahren: Fritz Bauer und der Braunschweiger Remer-Prozess. Ein Strafverfahren als Vehikel der Geschichtspolitik, in: Andreas Bergmann, Stephan Stübinger, Thomas Vormbaum (Hgg.): Journal der Juristischen Zeitgeschichte 6, Heft 3, Berlin 2012, S. 47–50. Folgend zitiert als: Burghardt: Fritz Bauer und der Braunschweiger Remer-Prozess.

zugestellt wurde. Bauer nahm sich der Anzeige an und klagte statt auf Beleidigung auf den Tatbestand der „üblen Nachrede".[87] Somit gelang ihm ein ein juristischer Coup, da bei einer Anklage der üblen Nachrede der Tatbestand der Unwahrheit erfüllt sein musste.[88] Es musste folglich geprüft werden, ob die vermeintlichen Verräter überhaupt als Verräter oder als Widerstandskämpfer bezeichnet werden konnten. Festzumachen war dies an der Auslegung, ob die Handlungen im Juli 1944 für oder gegen die Interessen des deutschen Volkes waren.

Die Rolle von Remer als Person selbst war im Prozess nur von minderer Bedeutung, da sich vermehrt über die Probleme und Auslegungen aus politischen und juristischen Perspektiven ausgetauscht wurde. Dies geschah unter anderem auch deshalb, da Bauer Experten aus unterschiedlichen staatlichen Ämtern einlud und fünf Verhandlungstage ansetzte, was für das vergleichsweise geringe Delikt als unverhältnismäßig anzusehen war.[89] Zum Ende des Prozesses hielt Bauer selbst das Plädoyer, klassifizierte Graf von Stauffenberg und seine Mitstreiter als Widerstandskämpfer und erläuterte anhand von staatsrechtlichen Zusammenhängen und historischen Ereignissen, warum das nationalsozialistische System als Unrechtsstaat definiert werden könne, welcher demnach überhaupt nicht verratsfähig sei:[90] „Ich sagte, das Dritte Reich war eine staatsrechtlich usurpierte, nie legalisierte Macht."[91] Das Plädoyer sprach die Öffentlichkeit gezielt an und kann daher als Teil

---

87 Vgl. Bauer: Eine Grenze hat Tyrannenmacht, S. 169.

88 Vgl. § 186 StGB. Der Paragraph hat sich über die Jahre zwar gewandelt, sich in seiner historischen und teleologischen Auslegung jedoch nicht verändert.

89 Vgl. Fröhlich, Claudia: Der Braunschweiger Remer-Prozess 1952. Zum Umgang mit dem Widerstand gegen den NS-Staat in der frühen Bundesrepublik, in: KZ-Gedenkstätte Neuengamme (Hgg.): Schuldig. NS-Verbrechen vor deutschen Gerichten. Beiträge zur Geschichte der nationalsozialistischen Verfolgung in Norddeutschland, Heft 9, Bremen 2005, S. 22.

90 Vgl. Bauer: Eine Grenze hat Tyrannenmacht, S. 177. Zum Widerstands- und Verratsbegriff ausführlich, s. Fröhlich, Claudia: Wider die Tabuisierung des Ungehorsams. Fritz Bauers Widerstandsbegriff und die Aufarbeitung von NS-Verbrechen, in: Fritz Bauer Institut (Hgg.): Wissenschaftliche Reihe, Band 13, Frankfurt 2005.

91 Bauer: Eine Grenze hat Tyrannenmacht, S. 174.

der Bauerschen Prozessstrategie gedeutet werden, die im Folgenden noch näher erläutert werden soll.[92]

Das Urteil des Braunschweiger Landgerichts folgte nach einer dreitägigen Beratung Bauers Plädoyer und sprach dem nationalsozialistischen Staat seine Rechtsstaatlichkeit ab. Weiter attestierte es den Widerstandskämpfern eine Vaterlandsliebe und Selbstlosigkeit gegenüber der Gesellschaft.[93] Remer wurde zu drei Monaten Gefängnis verurteilt und flüchtete im Anschluss nach Ägypten.[94] Das Urteil markierte nach Claudia Fröhlich eine Zäsur in der Auseinandersetzung mit dem Widerstand gegen den NS-Staat in der jungen BRD.[95]

Der Remer-Prozess erlangte ein hohes Maß an Aufmerksamkeit innerhalb der Bevölkerung und ist nach den Nürnberger Prozessen chronologisch betrachtet der wichtigste Prozess hinsichtlich der NS-Aufarbeitung. Dies liegt zum einen an der Person Remers, der der Bevölkerung wohl eher als vermeintlicher Kriegsheld oder Politiker in Erinnerung war sowie an dem hohen Aufgebot an Experten und Verhandlungstagen, die in ihrer Gänze eine Debatte entfachten, über welche die deutsche Bevölkerung nicht nachzudenken versuchte. Der Prozess brachte viel mehr das System des NS statt einzelne Akteure auf die Anklagebank und veränderte somit auch die Wahrnehmung der Geschichte und die zukünftige Rezeption der NS-Vergangenheit für kommende Verfahren.[96] Während des Prozesses und mit einer Betrachtung des

92 Vgl. Burghardt: Fritz Bauer und der Braunschweiger Remer-Prozess, S. 49.

93 Vgl. Urteil in: Kraus, Herbert: Die im Braunschweiger Remer-Prozeß erstatteten moraltheologischen und historischen Gutachten nebst Urteil, Hamburg 1953, S. 128.

94 Zu Remers Flucht und seinem weiteren Werdegang, s. Reichel: Vergangenheitsbewältigung. S. 105–106.

95 Vgl. Fröhlich, Claudia: Der Braunschweiger Remer-Prozess 1952. Zum Umgang mit dem Widerstand gegen den NS-Staat in der frühen Bundesrepublik, in: KZ-Gedenkstätte Neuengamme (Hgg.): Schuldig. NS-Verbrechen vor deutschen Gerichten. Beiträge zur Geschichte der nationalsozialistischen Verfolgung in Norddeutschland, Heft 9, Bremen 2005, S. 23.

96 Vgl. Frei, Norbert: Erinnerungskampf. Zur Legitimationsproblematik des 20. Juli 1944 im Nachkriegsdeutschland, in: Hans-Otto Hemmer (Hgg.): Gewerkschaftliche Monatshefte 11, Köln 1995, S. 673.

Plädoyers kommt das Rechtsverständnis und Ziel Bauers zur Geltung. Er verlangte eine Entscheidung im Prozess „nicht aus politischen Gründen und nicht irgendeiner Staatsräson zuliebe. Entscheiden Sie, meine Herren Richter, auf Grund des Rechts."[97] Ein Recht, das 1933 noch benutzt wurde, um die Machtübernahme als eine Art „legale Revolution" zu legitimieren. Bauer sah es also als Aufgabe des Staates bzw. der Demokratie und Juristerei an, die Widerstandskämpfer zu rehabilitieren.[98] Peter Reichel hinterfragt die Nachhaltigkeit eines solchen meinungsbildenden Strafverfahrens.[99] Dass Bauer damit Erfolg hatte, wenn auch nur langsam, zeigt sich anhand verschiedener Umfragen, die von der Alliierten Hohen Kommission, im speziellen von den USA, bzw. der „U.S. High Comissioner for Germany" (HICOG) durchgeführt wurden. Dabei wurden, um ein reliables Ergebnis zu erhalten, auch Deutsche eingestellt, welche die Befragungen durchführten.[100] Gefragt wurde unter anderem, ob die deutsche Bevölkerung die Täter des 20. Juli gutheißen würde oder ob sie als Verräter zu bezeichnen seien. Waren es ca. neun Monate vor dem Remer-Prozess lediglich 38 %, die die Tat guthießen, so waren es neun Monate nach dem Prozess 58 %. Waren vor dem Prozess 24 % ablehnend gegenüber den Bestrebungen Bauers, so sank dieser Wert ein Dreivierteljahr nach

97 Bauer: Eine Grenze hat Tyrannenmacht, S. 169.

98 Solche Rehabilitationsversuche gab es nicht nur hinsichtlich der NS-Widerständler. Bereits ab 1950 wurden „Kameradschaftsgruppen" gegründet, die versuchten, die Waffen-SS zu dekriminalisieren. Dieser Kameradschaft folgte später die bis zum Zeitpunkt dieser Arbeit existierende „Hilfsgemeinschaft auf Gegenseitigkeit der Angehörigen der ehemaligen Waffen-SS" (HIAG), die immer wieder Werke unterstützten, die auf die Heroisierung und Rehabilitation der Waffen-SS zielten. Als bekanntes Beispiel sei der 1963 veröffentlichte Band „Unternehmen Barbarossa" zu nennen, der bis ins Jahr neu 2002 aufgelegt wurde, s. Carell, Paul: Unternehmen Barbarossa. Der Marsch nach Rußland, Berlin 2002. Siehe ebenso: Wilke, Karsten: Die Hilfsgemeinschaft auf Gegenseitigkeit (HIAG) 1950–1919. Veteranen der Waffen-SS in der Bundesrepublik, Paderborn 2011.

99 Vgl. Reichel: Vergangenheitsbewältigung, S. 106.

100 Vgl. Rothland, Martin: Selektive Erinnerung? Meinungsumfragen zum Nationalsozialismus der frühen Nachkriegszeit, in: Norbert Lammert, Bernhard Vogel (Hgg.): Die politische Meinung 53, Osnabrück 2008, S. 56. Folgend zitiert als: Rothland: Selektive Erinnerung.

dem Prozess auf 7 %. Die übrigen Prozentzahlen bildeten unentschiedene Antworten ab.[101]

Aus den Werten zeigt sich, dass die Menschen sieben Jahre nach Kriegsende nicht an ihre Schuld, ihre Mitverantwortung oder generell an die Zeit des Krieges erinnert werden wollten. In diesem Klima begann Fritz Bauer, mit gänzlich anderer Einstellung, in Braunschweig zu arbeiten. In einem Gericht, dessen Mitarbeiter zuvor zu großen Teilen für die nationalsozialistische Justiz tätig waren. Der Remer-Prozess machte Bauer daher im Jahr 1952 zu einer prominenten und umstrittenen Persönlichkeit innerhalb der BRD.[102]

Aus heutiger Sicht kann der Prozess für Bauer als Erfolgsgeschichte interpretiert werden. Bauer gelang es auf der einen Seite die Widerstandskämpfer zu rehabilitieren, wobei dies nur mit enormen Anstrengungen möglich war. Er kämpfe gegen den allgemeinen Zeitgeist an und bediente sich dafür am Mittel des Strafverfahrens. Der Hauptangeklagte Remer wurde im Prozess zu einer Randfigur, was die Legitimität des nur zu geschichtspolitischen Zwecken gewählten Verfahrens für viele in Frage stellte. Aus heutiger Sicht kann jedoch argumentiert werden, dass ohne den Prozess als solchen oder die hergestellte Öffentlichkeit, eine Diskussion über die Legitimität des Widerstands gegen den Nationalsozialismus erst erheblich später stattgefunden hätte.

1.5 Der Ulmer Einsatzgruppen-Prozess und Gründung der „Zentralen Stelle"

Mit dem „Ulmer Einsatzgruppen-Prozess" im Jahr 1958 änderte sich die öffentliche Wahrnehmung um die deutsche Strafverfolgung um

101 Vgl. dazu: Report No. 114, 5 Dec 1951, in: Merrit, Anna; Merrit, Richard (Hgg.): Public Opinion in semisovereign Germany. The HICOG Surveys, 1949–1955, Urbana 1980, S. 147. Zudem: Report No. 167, 12 Jan 1953, in: Merrit, Anna; Merrit, Richard (Hgg.): Public Opinion in semisovereign Germany. The HICOG Surveys, 1949–1955, Urbana 1980, S. 198.

102 Vgl. Burghardt: Fritz Bauer und der Braunschweiger Remer-Prozess, S. 58.

NS-Verbrechen erheblich. Er wird von Eichmüller als „entscheidender Anstoß für die nachfolgende justizpolitische Wende bei der Strafverfolgung von NS-Verbrechen" bezeichnet. Es ist der erste Prozess, bei dem die Tötung von Juden im Mittelpunkt stand und welcher in der BRD vor deutscher Gerichtsbarkeit geführt wurde.[103]

Der ehemalige Polizeidirektor von Memel, Bernhard Fischer-Schweder, klagte gegen den Regierungsbezirk Südwürttemberg auf Wiedereinstellung, so dass eine Untersuchung zu seiner Person aufgenommen wurde, die ergab, dass Fischer-Schweder 1941 als SS-Oberführer die Erschießung von Juden befohlen und durchgeführt haben soll.[104] Der Prozess war also nicht das Ergebnis einer Ermittlungstätigkeit der deutschen Strafverfolgungsbehörden, wie Görtemaker und Safferling betonen.[105] Angeklagt wurden insgesamt zehn Personen.[106] Durch die Rückkehr von deutschen Kriegsgefangenen und verschleppten Personen aus der Sowjetunion konnten Zeugen gefunden werden, die frühere Angehörige der Polizei in Memel und somit vertraut mit dem Sachverhalt waren.[107] Undurchsichtig waren während der Vorermittlungen vor allem die exakten Befehlsverhältnisse, da der Angeklagte in der ersten Vernehmung behauptete, lediglich Befehle weitergeleitet zu haben. Um den Sachverhalt aufzuklären, weitete der Staatsanwalt Erwin Schüle die Zeugenbefragung und Quellenrecherche aus, so dass es im Juni 1957 gelang, Fischer-Schweder sowie Joachim Böhme, den Leiter der damaligen Polizeistelle, und acht weitere Gestapo- und Polizeiangehörige wegen Mordes und dessen Beihilfe anzuklagen.[108] Die Hauptverhandlung wurde im April 1958 eröffnet. Mit etwa 60 weiteren Verhandlungstagen und über 170 Zeugen etablierte sich der

103 Vgl. Eichmüller: Keine Generalamnestie, S. 188.

104 Die Zugehörigkeit zu Organisationen wie der NSDAP, SS, SA und Gestapo leugnete er auf einem Meldebogen im Jahr 1946, so dass Fischer-Schweder als unbelastet galt und nach dem Krieg folglich in ein bürgerliches Leben zurückkehrte, vgl. Fröhlich: Der „Ulmer Einsatzgruppen-Prozess", S. 233.

105 Vgl. Görtemaker; Safferling: Die Akte Rosenburg, S. 224

106 Vgl. Eichmüller: Keine Generalamnestie, S. 188.

107 Vgl. Reichel: Vergangenheitsbewältigung, S. 184.

108 Vgl. Fröhlich: Der „Ulmer Einsatzgruppen-Prozess", S. 233.

Nachkriegsprozess als einer der größten vor westdeutschen Gerichten. Während des Prozesses gelang es, den Massenmord an 5.500 Personen durch das Einsatzkommando Tilsit nachzuweisen.[109] Durch die medial geschilderte Grausamkeit der Taten und die Rekonstruktion von mehr als 30 Vernichtungsaktionen, wurden die ausgesprochenen Urteile von der Bevölkerung weitgehend positiv aufgefasst. Die Mehrheit der Befragten plädierten in Zeitungsumfragen, die Eichmüller ausgewertet hat, zu einem noch strengerem Strafmaß.[110]

Weiten Teilen der deutschen Öffentlichkeit wurde durch den Prozess die Defizite der juristischen Aufklärungsarbeit in Bezug auf die NS-Verbrechen deutlich gemacht, bei denen die Opfer nicht zu den Staatsangehörigen der Siegermächte bzw. ihren Verbündeten zählten.[111] Nebstdem kam die Erkenntnis, dass noch etliche NS-Verbrecher untergetaucht waren, die sich bereits in die Gesellschaft eingliedern konnten.[112] Diese hatten durch die anhaltenden Forderungen nach Amnestie und der stagnierenden juristischen Verfolgung der vergangenen Jahre, kaum noch Befürchtungen, für ihre Taten vor Gericht verantwortlich gemacht werden zu können, so Frei.[113] Es sei erwähnt, dass aufkommende antisemitische Vorfälle sowie Publikationen und Ausstellungen, eine zunehmende Presseberichterstattung ab der zweiten Hälfte der 1950er Jahre anregten. Als Beispiel ist die 1956 erschienene Publikation „Die Endlösung. Hitlers Versuch der Ausrottung der Juden Europas 1939–1945“ von Gerhard Reitlinger anzuführen.[114] Weiterhin führt Anette Weinke die umstrittene, vom „Sozia-

---

109 Vgl. Müller, Sabrina: Die Mörder sind unter uns. Der Ulmer Einsatzgruppenprozess 1958, Stuttgart 2008, S. 40.

110 Vgl. Eichmüller: Keine Generalamnestie, S. 190–192.

111 So wurden in der Zeit bis Mai 1949 lediglich zehn Fälle innerhalb der westdeutschen Besatzungszone vor deutschen Gerichten verhandelt, bei denen NS-Tötungsdelikte im Vordergrund der Anklage standen, vgl. Eichmüller: Keine Generalamnestie, S. 2.

112 Vgl. Greve, Michael: Der justizielle und rechtspolitische Umgang mit den NS-Gewaltverbrechen in den sechziger Jahren, Frankfurt am Main 2001, S. 46. Folgend zitiert als: Greve: Der justizielle Umgang.

113 Vgl. Frei: Vergangenheitspolitik, S. 20.

114 Vgl. Greve: Der justizielle Umgang, S. 45.

listischen Deutschen Studentenbund“ organisierte Wanderausstellung „Ungesühnte Nazijustiz“ auf, die ebenfalls ein mediales Echo nach sich zog und den Themenkomplex weiter in den Vordergrund rückte. Diese wurde im Jahr 1959 eröffnet und dokumentierte bisher bekannte NS-Justizverbrechen. Umstritten war sie unter anderem, da Kritiker behaupteten, die Ausstellung sei von der Deutschen Demokratischen Republik initiiert worden.[115] Die Ausstellung war international erfolgreich und wurde beispielsweise im Jahr 1960 im britischen Parlament gezeigt.[116]

Nach dem Ulmer Einsatzgruppen-Prozess wurden Stimmen von Juristen und Staatsanwälten laut, die den Prozess reflektierten und auf die Probleme der dezentralen Staatsanwaltschaften hinwiesen. So seien Mangel an Spezialkenntnissen, Kostengründe und unübersichtliche Zuständigkeitsbereiche bei komplexen Fällen hinderlich für eine gezielte Ermittlung und Verfolgung. Das Ausbleiben einer zentralen Ermittlungsinstanz wurde angeprangert und als maßgeblicher Faktor bei der verspäteten und „zufälligen“ Verfolgung von Tätern ausgewiesen.[117] Jene Kritik wurde über die Zeitungen in die Öffentlichkeit gebracht und die Presse, so arbeiten es Görtemaker und Safferling heraus, drängte darauf, dass etwas passieren müsse, um die Verfolgung besser zu koordinieren.[118] Vor diesem Hintergrund wurde im November 1958 die „Zentrale Stelle der Landesjustizverwaltung zur Aufklärung nationalsozialistischer Verbrechen“ in Ludwigsburg gegründet und Erwin Schüle als Leiter bestimmt, welcher als Anklagevertreter im Ulmer Einsatzgruppen-Prozess aufgetreten war.[119] Nach der Gründung „für vorübergehende Dauer“[120], stieg die Anzahl der eingeleiteten Ermitt-

115 Vgl. Görtemaker; Safferling: Die Akte Rosenburg, S. 204.
116 Vgl. Weinke, Anette: Die Verfolgung von NS-Tätern im geteilten Deutschland. Vergangenheitsbewältigungen 1949–1969 oder: Eine deutsch-deutsche Beziehungsgeschichte im Kalten Krieg, Paderborn 2002, S. 101–108.
117 Vgl. Fröhlich: Der „Ulmer Einsatzgruppen-Prozess“, S. 250.
118 Vgl. Görtemaker; Safferling: Die Akte Rosenburg, S. 225.
119 Vgl. Greve: Der justizielle Umgang, S. 52–53.
120 Ursprünglich war das Ende der Arbeit der Zentralen Stelle bereits für Mitte der 1960er Jahre vorgesehen, vgl. Rommel, Jens: Der Beitrag der Zentralen Stelle der

lungsverfahren in Bezug auf NS-Verbrechen an.[121] Die „Zentrale Stelle" agierte dabei als Vorermittlungsinstanz, um die dezentrale Strafverfolgung der in ganz Europa verübten Verbrechen einleiten zu lassen und wurde auch als „juristisches Gewissen der Nachkriegsdemokratie" betitelt.[122] Explizit wurde in einem Schreiben mit dem Titel „Vertrauliche Sitzung des Rechtsausschusses" vom 9. Dezember 1959 darauf hingewiesen, dass die Aufklärung von „Verbrechen durch NS-Richter" nicht zu den Aufgaben der Zentralen Stelle gehöre.[123] Greve stellt fest, dass zum Gründungszeitpunkt der Zentralen Stelle vergleichsweise wenige Mitarbeiter angestellt waren, was darauf schließen lässt, dass die hohe Zahl an NS-Verbrechen und die daraus resultierende Arbeitsbelastung noch nicht abzuschätzen gewesen sei. Die personelle Aufstellung war jedoch auch in den 1960er Jahren weitgehend niedrig, was, wie Greve betont, im Gegensatz zu den öffentlich formulierten Zielen einer konsequenten Aufklärung der NS-Verbrechen stand.[124] Durch eine hohe Fluktuationsrate der einzelnen Mitarbeiter, die meistens nur ein bis zwei Jahre in Ludwigsburg arbeiteten, wurde die kontinuierliche Arbeit an einzelnen Fällen weiterhin erschwert.[125] Hinzu kam eine beeinträchtigte Möglichkeit der Beweisführung durch Zeugen, die dem zeitlich vorangeschrittenen Abstand zu den Jahren 1933–1945

Landesjustizverwaltungen zur Aufklärung nationalsozialistischer Verbrechen, in: Jens Lehmann, Frank Lüttig (Hgg.): Die letzten NS-Verfahren. Genugtuung für Opfer und Angehörige – Schwierigkeiten und Versäumnisse der Strafverfolgung, Baden-Baden, S. 81–82.

121 Vgl. Lahme, Rainer: Schatten der Vergangenheit. Die Auseinandersetzung mit dem Nationalsozialismus in Deutschland nach 1945, Stuttgart 2000, S. 30.

122 Da die Zentrale Stelle mit keinen Exekutivbefugnissen ausgestattet wurde, musste die Entscheidung, ob Anklage erhoben wird oder nicht an die jeweilig befugte Staatsanwaltschaft abgetreten werden, vgl. Eichmüller: Keine Generalamnestie, S. 10. Zahlen über die eingeleiteten Ermittlungsverfahren währen der Zeit von 1956–1959 finden sich in: Greve: Der justizielle Umgang, S. 56.

123 BArch, B 141/33771.

124 Vgl. Greve: Der justizielle Umgang, S. 55.

125 Vgl. Priemel, Kim Christian: Im Sande verlaufen? Das Ludwigsburger Ermittlungsverfahren gegen das Einsatzkommando 3 und die justizielle Täterforschung nach 1945, in: Jan Erik Schulte, Michael Wildt (Hgg.): Die SS nach 1945. Entschuldigungsnarrative, populäre Mythen, europäische Erinnerungsdiskurse, Göttingen 2018.

geschuldet war: „Voruntersuchungen lieferten nicht mehr genügend Material für ein Gerichtsverfahren, und die eröffneten Verfahren endeten oft mit Freisprüchen mangels ausreichender Beweise."[126] Wie Claudia Fröhlich in ihrer Untersuchung über die Wahrnehmung des Ulmer Einsatzgruppen-Prozesses formuliert, markierte dieser keine Zäsur, die die in den 1950er Jahren versäumte Aufarbeitung der NS-Verbrechen beendete, gleichwohl dieser die Schwierigkeiten der Betrachtung von Einzeltaten innerhalb von Verbrechenskomplexen herausstellte.[127] 1959 waren, im Gegensatz zum Jahr 1951, nur 12 statt 262 rechtskräftige Verurteilungen erwirkt worden.[128]

Die noch in der Gegenwart andauernde Arbeit der Zentralen Stelle zeigt, dass die heutige BRD die Dokumentation, Aufarbeitung und Verfolgung der Verbrechen noch nicht als abgeschlossen sieht.[129] Fraglich bleibt dabei, inwieweit die Zentrale Stelle noch Vernehmungstätigkeiten anstrebt, da die Täter, wenn sie zur Endphase des Krieges in etwa 20 Jahre alt waren, im Jahr 2020 bereits über 90 Jahre alt sind.[130]

126 Broszat: Siegerjustiz oder strafrechtliche „Selbstreinigung", S. 541.

127 Vgl. Fröhlich: Der „Ulmer Einsatzgruppen-Prozess", S. 261.

128 Dies liegt ebenfalls an der Tatsache, dass aus unterschiedlichen Gründen weniger Anzeigen von Geschädigten oder Opferinitiativen gestellt wurden, vgl. Eichmüller, Andreas: Die strafrechtliche Verfolgung von NS-Verbrechen und die Öffentlichkeit der frühen Bundesrepublik Deutschland 1949–1958, in: Jörg Osterloh, Clemens Vollnhals (Hgg.): NS-Prozesse und deutsche Öffentlichkeit. Besatzungszeit, frühe Bundesrepublik und DDR, Göttingen 2011, S. 54.

129 Einen kritischen Kommentar zur Arbeit der Zentralen Stelle ab den 2010er Jahren liefert der Historiker Klaus Bästlein, welcher die jüngsten Prozesse vor dem Hintergrund der Strafverfahren seit 1945, mit besonderem Blick auf die Zeit von 1950–1965, analysiert, vgl. Bästlein, Klaus: Zeitgeist und Justiz. Die Strafverfolgung von NS-Verbrechen im deutsch-deutschen Vergleich und im historischen Verlauf, in: Wolfgang Benz, Michael Borgolte, Georg Iggers, Peter Steinbach, Ludmila Thomas (Hgg.): Zeitschrift für Geschichtswissenschaft, Heft 1, Berlin 2016, S. 21–28.

130 Zu Schwierigkeiten der Arbeit der „Zentralen Stelle", die auch im Jahr 2019 noch als präsent angesehen werden können, vgl. Schrimm, Kurt; Riedel, Joachim: 50 Jahre Zentrale Stelle in Ludwigsburg. Ein Erfahrungsbericht über die letzten zweieinhalb Jahrzehnte, in: Helmut Altrichter, Horst Möller, Margit Szöllösi-Janze, Andreas Wirsching (Hgg.): Vierteljahreshefte für Zeitgeschichte, Heft 4, München 2008, S. 554–555. Zur Frage der Verhandlungsfähigkeit: Jasch; Kaiser: Der Holocaust vor deutschen Gerichten, S. 201.

Sie bleibt als wissenschaftliche Stätte und Ort für die gesellschaftliche Auseinandersetzung mit dem Nationalsozialismus zugänglich.[131]

1.6 Verjährungsdebatten in den 1960er Jahren

Da die normativen Vorgaben zur Ahndung von Tatbeständen nach dem KRG Nr. 10 nur in wenigen Fällen rückwirkend durch deutsche Gerichte angewandt wurden, sah sich der westdeutsche Gesetzgeber zu Beginn der 1960er Jahren mit der Verjährung von Straftaten konfrontiert. Durch das Einsetzen der Verjährung wird die Verurteilung einer Straftat ausgeschlossen. Eine solche Verjährung setzte seit der Weimarer Verfassung bei jedem Strafbestand ein und betrug bei Verbrechen, die mit lebenslanger Freiheitsstrafe geahndet wurden, zwanzig Jahre. Es gab ebenfalls Straftaten, die mit einer Verjährungsfrist von zehn Jahren gekennzeichnet waren, welche für Verbrechen, die bis in das Jahr 1945 verübt wurden, im Frühjahr 1955 auslief. Fraglich ist dabei, weshalb in den Jahren 1954 und 1955 keine Debatten entstanden. Reichel beantwortet diese Frage mit der politischen Tendenz, die durch die Straffreiheitsgesetze von 1949 und 1954 vermittelt wurde.[132]

Bevor die fünfzehnjährige Verjährungsfrist für Totschlagsdelikte am 8. Mai 1960 auslaufen sollte, erhielt die Zentrale Stelle in Ludwigsburg Zugang zu neuen Materialien, mit welchen neue Vorermittlungsverfahren eingeleitet werden konnten. Aufgrund der gewonnenen Erkenntnisse über die immer größeren Ausmaße der Verbrechen, wandte sich das Auschwitz-Komitee an die Bundesregierung und forderte diese auf, dass die NS-Verbrecher auch nach Ablauf der offiziellen Verjährungsfrist wegen Totschlags belangt werden müssten. Mit der Begründung, es hätte einen „gewissen Stillstand in der Rechtspflege“

131 Vgl. Weinke, Anette: „Bleiben die Mörder unter uns?“ Öffentliche Reaktionen auf die Gründung und Tätigkeit der Zentralen Stelle Ludwigsburg, in: in: Jörg Osterloh; Clemens Vollnhals (Hgg.): NS-Prozesse und deutsche Öffentlichkeit. Besatzungszeit, frühe Bundesrepublik und DDR, Göttingen 2011, S. 263.

132 Vgl. Reichel: Vergangenheitsbewältigung, S. 183–184.

gegeben, wurde der Vorschlag unterbreitet, die Verjährungsfrist erst ab dem Jahr 1949 beginnen zu lassen, der jedoch, in Bezug auf das Rückwirkungsverbot, abgelehnt wurde, so dass Totschlagsdelikte nicht mehr bestraft werden konnten.[133] Konnte während einer gerichtlichen Verhandlung keine eindeutige Täterschaft bezüglich des Mordes nachgewiesen werden, wurden die Tötungsdelikte „lediglich“ als Totschlag oder „Mittäterschaft“ angesehen und galten somit als verjährt.[134] Mord definiert sich als vorsätzliche Tötung aus eigenem Antrieb. Handlungen, auf fremden Befehl ausgeführt, wurden somit nicht unter der Straftat des Mordes subsumiert, was die juristische Schwierigkeiten deutlich macht.[135] Die Zentrale Stelle in Ludwigsburg konnte demnach praktisch nur noch die Aufklärung und Verurteilung von Tötungen aus eigenem Antrieb anstreben.

Eine zweite Debatte um Verjährungsfristen bahnte sich bereits an, da im Jahr 1965 die Verjährungsfrist für Mordverbrechen bis ins Jahr 1945 abzulaufen drohte. Zuvor war ein Anstieg der Ermittlungstätigkeiten seitens der Zentralen Stelle zu verzeichnen, da diese versuchte, möglichst viele NS-Verbrechen anzuklagen, um sie der Verjährungsfrist zu entziehen.[136] Wie Jörg Friedrich aufzeigt, wurde auch gegen vermeintliche Täter ermittelt, die sich bereits wieder in die Nachkriegsgesellschaft integrieren konnten und aufgrund Artikel 131 des Grundgesetzes teilweise öffentliche Ämter besetzen.[137] In der Politik wurde über dieses Phänomen intensiv gestritten, besonders da aus Meinungsumfragen herausging, dass die Mehrheit der Bevölkerung für einen „Schlussstrich“ plädierte. Anfang des Jahres 1965 wurden

133 Reichel erwähnt in dem Kontext auch, dass das Bundesverfassungsgericht bereits im September 1952 die Veränderung von Verjährungsfristen als vereinbar mit dem Grundgesetz deklariert hatte, s. Reichel: Vergangenheitsbewältigung, S. 186.

134 Vgl. Weinke: Täter, Opfer, Mittäter, S. 62.

135 Vgl. Freudiger: Juristische Aufarbeitung von NS-Verbrechen, S. 271.

136 Vgl. Jasch; Kaiser: Der Holocaust vor deutschen Gerichten, S. 199.

137 Beamte, die im Entnazifizierungsverfahren nicht als Hauptschuldige oder Belastete eingestuft wurden, konnten wieder in das Beamtentum zurück kehren, vgl. Friedrich, Jörg: Die kalte Amnestie. NS-Täter in der Bundesrepublik, Frankfurt am Main 1994, S. 282–290.

verschiedene Vorschläge seitens der politischen Parteien gemacht, wie mit der Situation umzugehen sei. Ein Vorschlag der CDU, die Frist auf 30 Jahre zu setzen, wurde nach der Bekanntmachung über die Vielzahl an noch nicht gesichteten Dokumenten und somit noch anonymen Tätern auf die Nicht-Verjährung von Mord und Völkermord ausgeweitet. Reichel stellt dabei die zwei zentralen Ansichten gegenüber: Die eine Seite lehnte jedes Sondergesetz bzw. jede nachträgliche Veränderung bezüglich rechtsstaatlicher Bedenken ab, die andere Seite vertrat die Auffassung, dass „Gerechtigkeit und moralische Wiedergutmachung" überwogen. Als Ergebnis der kontrovers geführten Auseinandersetzung wurde einzig das Einsetzen der Verjährungsfrist vom Jahr 1945 auf das Jahr 1949 gelegt.[138] Dies führte im Jahr 1969 zu einer weiteren Debatte.[139] Erst im Juli des Jahres 1979 beschloss der Deutsche Bundestag die Aufhebung einer Verjährung bei Mord, so dass die Verbrechen während des Bestehens des NS-Regimes anklagbar blieben, soweit sie mit Mord in Verbindung standen. Sie sind daher bis in die Gegenwart verfolgbar.[140]

138 Eine ausführliche Darstellung zur Verjährungsdebatte von 1969 und der Novellierung des § 50 Abs. 2 StGB findet sich in: Greve: Der justizielle Umgang, S. 56, 349–386.

139 Vgl. Vollnhals, Clemens: Die strafrechtliche Verfolgung nationalsozialistischer Verbrechen in Deutschland, in: Jörg Ganzenmüller (Hgg.): Recht und Gerechtigkeit: Die strafrechtliche Aufarbeitung von Diktaturen in Europa, Köln 2017, S. 44.

140 Vgl. Lahme, Rainer: Schatten der Vergangenheit. Die Auseinandersetzung mit dem Nationalsozialismus in Deutschland nach 1945, Stuttgart 2000, S. 47.

2 Zur Person Fritz Bauer

Fritz Bauer gilt heute als einer der „bedeutendsten und juristisch einflussreichsten Remigranten im Nachkriegsdeutschland".[141] Im Folgenden soll sein Werdegang kurz skizziert werden.

Fritz Bauer wurde im Jahr 1903 innerhalb einer deutsch-jüdischen Familie in Stuttgart geboren und machte bereits in früher Kindheit antisemitische Erfahrungen. Mit seinem Geburtsjahr wird er zur „Kriegsjugendgeneration" gezählt, die vom Weltkrieg zwar geprägt wurde, aber nicht mehr aktiv zum Einsatz kam.[142] Er trat 1920 in die SPD ein, studierte Jura und setzte sich zur Zeit der Weimarer Republik aktiv für die Verteidigung und den Ausbau einer freiheitlichen und demokratischen Staatsordnung ein.[143] Bauers juristische Karriere verlief bis zu diesem Zeitpunkt hervorragend, was die Ernennung zum jüngsten Amtsrichter in Deutschland im Jahr 1930 bestätigt.[144] Er wurde im Jahr 1933, während der Ausübung seines Berufes, im Gerichtssaal verhaftet und für acht Monate ins Konzentrationslager[145] Heuberg gesperrt.[146] Diese Repressalie ist auf seine politische Ausrichtung und seinen Glauben zurückzuführen. Nach Bauers Entlassung konnte er seinen Beruf nicht weiter fortführen, da die Nürnberger Rassengeset-

---

141 Backhaus, Fritz; Boll, Monika; Gross, Raphael: Fritz Bauer. Der Staatsanwalt. NS-Verbrechen vor Gericht. Begleitpublikation zur gleichnamigen Ausstellung des Fritz Bauer Instituts und des Jüdischen Museum Frankfurt, Frankfurt 2014, S. 7. Folgend zitiert als: Backhaus; Boll; Gross: Fritz Bauer. Der Staatsanwalt.

142 Vgl. Frei, Norbert: Fritz Bauer oder: Wann wird ein Held zum Helden, in: Stefan Gerber (Hgg.): Zwischen Stadt, Staat und Nation. Bürgertum in Deutschland (Festschrift für Hans-Werner Hahn), Göttingen 2014, S. 276. Folgend zitiert als: Frei: Wann wird ein Held zum Helden.

143 Vgl. Wojak: Fritz Bauer, S. 14.

144 Vgl. Wojak: Fritz Bauer, S. 84.

145 Folgend abgekürzt als KL.

146 Vgl. Steinke: Fritz Bauer oder Auschwitz vor Gericht, S. 93.

ze jüdischen Personen verboten, öffentliche Ämter zu bekleiden. Er beschloss zu emigrieren und ging im Jahr 1936 ins Exil, erst nach Dänemark und später nach Schweden. Im Jahr 1949 kehrte er wieder in seine Heimat und beruflich in die Justiz der BRD zurück, um am politischen Neubeginn der BRD mitzuwirken.[147] Eine BRD, die erst wieder die Demokratie erlernen musste und die von „alten Eliten" durchsetzt war, welche hohe Ämter innehatten. Während seiner Zeit im Exil verfasste Bauer viele Schriften über Demokratie und Jurisprudenz und befand sich im Umfeld von Personen, die später tragende Rollen in der BRD innehaben sollten, wie Willy Brandt oder Kurt Schumacher. In seinem Werk „Die Kriegsverbrecher vor Gericht", das wenige Wochen vor den Nürnberger Prozessen in Deutschland erschien, formulierte er konkrete Erwartungen an die deutsche Justiz der Nachkriegszeit. Daneben antizipierte er in seinem Werk etwaige juristische Argumente, die die Angeklagten des NS-Regime vorbringen könnten und entkräftete diese. Er setzte sich also bereits vor den eigentlichen Vorwürfen mit der vermeintlichen „Siegerjustiz" auseinander. Dieses Werk Bauers, als erstes deutschsprachiges Werk zu dem Themenkomplex im Jahr 1945 überhaupt, wurde von den deutschen Juristen fast gänzlich ignoriert, da sich diese eher mit der Legitimität des Nürnberger Tribunals befassten, so Ronen Steinke. Es nehme zudem eine besondere Rolle ein, da weitgehend auf Fußnoten verzichtet wurde, um so ein breiteres Publikum anzusprechen. Zurück in der BRD erlebte Bauer, dass ihm sein jüdischer Hintergrund trotz des beendeten Krieges die Chance verwehrt, in die Politik einzusteigen. Als Remigrant wurde er von Teilen der Bevölkerung kritisch beäugt, da diese sich, anders als die in Deutschland verbliebenen Menschen der Kriegsjugendgeneration, vermeintlich nicht mitverantwortlich an den Verbrechen des NS-Regime gemacht hätten.

147 Vgl. Fröhlich, Claudia: Remigration und Neuanfang – Fritz Bauer als Richter und Generalstaatsanwalt 1949–1956, in: Fritz Backhaus, Monika Boll, Raphael Gross: Fritz Bauer. Der Staatsanwalt. NS-Verbrechen vor Gericht. Begleitpublikation zur gleichnamigen Ausstellung des Fritz Bauer Instituts und des Jüdischen Museum Frankfurt, Frankfurt 2014, S. 128–131.

Bauer interessierte sich in hohem Maße für die Nürnberger Prozesse und vertrat die Meinung, dass die NS-Verbrechen nicht nur vor den Gerichten der Alliierten, sondern auch innerhalb der deutschen Justiz verhandelt werden müssten. Als zentralen Kritikpunkt sah er, dass durch das hohe Strafmaß, das gegen hochrangige Mitglieder des NS-Regime verhängt wurde, die übrige Bevölkerung von der eigenen Reflexion der Mitverantwortlichkeit des Vergangenen abgelenkt wurde und sich so die kollektive Geschichte als „gesühnt" anfühle.

Im Jahr 1949 wurde Fritz Bauer zum Landgerichtsdirektor in Braunschweig ernannt. Nur sieben Jahre später folgte, angeregt vom hessischen Ministerpräsidenten und Justizminister Georg August Zinn, die Beförderung zum hessischen Generalstaatsanwalt, welcher insgesamt 199 weitere Staatsanwälte unter sich vereinte und als Generalstaatsanwalt mit dem größten Gerichtsbezirk de facto der wichtigste Generalstaatsanwalt der BRD war.[148] Zinn unterstützte Bauers Bestrebungen die NS-Verbrechen vor Gericht zu bringen und teilte zusätzlich dessen progressiven Reformbestrebungen des Strafrechts.[149] Der Aufstieg von Braunschweig nach Frankfurt sicherte Bauer neben zusätzlichen Befugnissen aber auch einen weitreichenden Zugriff auf Ressourcen, die er zur Vorbereitung von weiteren NS-Verfahren einsetzte. Als hessischer Generalstaatsanwalt versuchte Fritz Bauer ab 1956, mit großer Kraft, Ermittlungen gegen SS-Wachmannschaften innerhalb der Staatsanwaltschaft Frankfurt zu führen. Fritz Bauer war es auch, der entscheidende Hinweise auf den Aufenthaltsort von Adolf Eichmann erhielt und weiterleitete, so dass dieser im Jahr 1961 in Israel verurteilt werden konnte, wie im Verlauf der Arbeit noch näher thematisiert wird. Steinke vermutet, dass Bauer sich einen Prozess in Deutschland, vielleicht sogar an seinem Gericht in Frankfurt gewünscht hätte, um

148 Vgl. Steinke: Kriegsverbrecher vor Gericht, S. 298.

149 Vgl. Renz, Werner: Der erste Frankfurter Auschwitz-Prozess 1963–1965 und die deutsche Öffentlichkeit. Anmerkungen zur Entmythologisierung eines NSG-Verfahrens, in: Jörg Osterloh, Clemens Vollnhals (Hgg.): NS-Prozesse und deutsche Öffentlichkeit. Besatzungszeit, frühe Bundesrepublik und DDR, Göttingen 2011, S. 351. Folgend zitiert als: Renz: Der erste Frankfurter Auschwitz-Prozess.

den Deutschen die Verbrechen des Nationalsozialismus abermals vor Augen zu führen. Im Jahr 1963 erreichte Bauer eines seiner wichtigsten Ziele. Die Verbrechen, die im KL Auschwitz begangen worden waren, wurden vor Gericht verhandelt und so ganz Deutschland mit der eigenen Vergangenheit konfrontiert. Fritz Bauer setzte an einem Punkt an, an welchem die deutsche Gesellschaft nicht mehr bereit war in die Vergangenheit zu blicken und welche sich scheinbar mit den Massenverbrechen zwischen 1933 und 1945 abgefunden hatte. Daher stieß es auf großes Missverständnis, wenn nun Menschen innerhalb der Gesellschaft angeklagt werden sollten, die sich bereits im Nachkriegsdeutschland resozialisiert hätten, die als „entnazifiziert“ galten und die wieder bürgerliche Berufe ausübten, wie Apotheker, Kaufmann, Sanitäter oder Handwerker.[150] Fritz Bauers Ambitionen galten nicht der Rache, eher ging es ihm um die Würde und Erinnerungen der Opfer und deren Geschichten, um einem kollektiven Vergessen vorzubeugen. Fritz Bauers Bestrebungen können folglich als maßgeblicher Faktor für den Verlauf der deutschen Nachkriegsgeschichte gesehen werden. Seine Ambitionen brachten ihm sowohl Freunde als auch mächtige Feinde in der Justiz, der Politik und innerhalb der breiten Gesellschaft.

Bauer und seine Taten wurden medial verfolgt. Er galt als gefragter Redner und war ebenfalls in Zeitungsinterviews oder Fernsehsendungen vertreten, in denen er unter anderem zu aktuellen Themen Stellung bezog.[151] Während des Eichmann-Prozesses sagte er beispielsweise in einem Interview: „Ich glaube, dass die junge Generation in Deutschland bereit ist, die ganze Geschichte, die ganze Wahrheit zu erfahren, die zu bewältigen ihren Eltern allerdings mitunter schwerfällt.“[152] Aus diesem Zitat Bauers geht hervor, dass Bauer sich durch-

150 Vgl. Görtemaker; Safferling: Die Akte Rosenburg, S. 246.

151 Vgl. Bauer, Fritz: Gespräche, Interview und Reden aus den Fernseharchiven 1961–1968. Redaktion: Bettina Schulte Strathaus, Fritz Bauer Institut / absolut medien, Frankfurt 2014, 2 DVDs mit Booklet, 298 Min.

152 Zitat Fritz Bauers aus dem Jahr 1961, zitiert nach: Bauer, Fritz: Kleine Schriften (1921–1969), in: Lena Foljanty, David Johst (Hgg.): Wissenschaftliche Reihe des Fritz Bauer Instituts, Band 32, Frankfurt 2018, S. 732.

aus über die Rezeption des Aufarbeitungsgedankens in der Bevölkerung bewusst war. Er kritisierte auf der einen Seite das mangelnde Interesse der „Eltern“ und machte den jungen Generationen gleichzeitig das Angebot der „Wahrheit“ über die Vergangenheit.[153] Ferner versuchte Bauer neue Kommunikationswege zu schaffen, die sich kritisch mit der Gesellschaft und ihren Regeln auseinandersetzten. So gilt Bauer als Gründungsmitglied der seit dem Jahr 1968 erscheinenden Fachzeitschrift „Kritische Justiz“.[154]

Fritz Bauer verstarb im Juli 1968 in seinem Wohnhaus in Frankfurt an Herzversagen.[155] Rautenberg, der sich auf die rechtsmedizinischen Gutachten beruft, in welchem die Beurteilung der Todesursache nicht eindeutig geklärt werden konnte, hält die verschleierte Ermordung von Bauer für theoretisch möglich. Er habe nachgewiesenermaßen viele Feinde gehabt, die viel Macht besaßen. Suizid ließe sich trotz Schlafmittel und erhöhtem Alkoholwert weitgehend ausschließen, da Bauer nicht auffällig geworden war und sein Antrag auf die Verlängerung seiner Amtszeit um weitere drei Jahre angenommen wurde.[156] Gegen den Selbstmord sprechen auch die Aktivitäten Bauers vor seinem Tod. So hatte er wenige Wochen zuvor noch eine umfassende Anklageschrift

153 Zu Strategien im Umgang mit dem Holocaust von nachfolgenden Generationen, s. Frei, Norbert: Erbantritt. Nationalsozialismus und Holocaust im Generationenwechsel, in: Horváth, Martin; Legerer, Anton; Pfeifer, Judith, Roth; Stefan: Jenseits des Schlussstrichs. Gedenkdienst im Diskurs über Österreichs nationalsozialistische Vergangenheit, Wien 2002, S. 17–21.

154 Backhaus; Boll; Gross: Fritz Bauer. Der Staatsanwalt, S. 12.

155 Vgl. Bästlein, Klaus: Der Fall Globke – Propaganda und Justiz in Ost und West, Berlin 2018, S. 73.

156 Vgl. Rautenberg, Erardo: Die Demontage des Generalstaatsanwalts Dr. Fritz Bauer. Nicht nur eine Kritik der Biographie von Ronen Steinke, in: Bernahrd Dombek; Frank Engelmann; Stefan Graßhoff; Detlef Haselbach; Jan Helge Kestel; Bernhard Klose; Joachim Kronisch; Guido Kutscher; Marcus Mollnau; Gerhard Ring; Johannes Weberlin (Hgg.): Neue Justiz. Zeitschrift für Anwalts- und Gerichtspraxis, Baden-Baden 2014, S. 376. Folgend zitiert als: Rautenberg: Die Demontage des Generalstaatsanwalts.

gegen den NS-Anthropologen Bruno Berger vorgelegt.[157] Fremdverschulden könne, nach den Untersuchungen von Dieter Schenk, weitgehend ausgeschlossen werden.[158] Die nach Bauers Ableben folgenden Erlahmung der Aufklärungstätigkeiten kann als eine Bestätigung für Bauers progressive Kraft innerhalb der Justiz gedeutet werden. Ein Prozess gegen die so genannten „Schreibtischtäter"[159] der Euthanasie-Verbrechen, den Bauer vorbereitete, fand nach seinem Ableben nicht mehr statt und die Ermittlungen wurden unauffällig zu Ende gebracht.[160] Bauer hinterließ eine weitreichende Sammlung von Schriften, die bis heute neu aufgelegt werden.[161]

2.1 Fritz Bauer in den Medien

> „Als Mann des Worts und des Arguments nutzte er über den Gerichtssaal hinaus die Medien, um gesellschaftliche Verantwortung einzufordern."[162]

Im Allgemeinen lässt sich sagen, dass in den sechziger Jahren eine gewisse Distanz zwischen Journalisten und der Justiz zu spüren war, wie Sabine Horn herausstellt. So seien es Beamte der Justiz beispielsweise

---

157 Ausführlich dazu, s. Reitzenstein, Julien: Das SS-Ahnenerbe und die „Straßburger Schädelsammlung" – Fritz Bauers letzter Fall, in: Frank Bösch, Konrad Jarausch, Martin Sabrow (Hgg.): Zeithistorische Forschungen, Band 52, Berlin 2018.

158 Vgl. Schenk, Dieter: Die Todesumstände von Generalstaatsanwalt Fritz Bauer (1903–1968), in: Fritz Bauer Institut (Hgg.): Einsicht, Heft 8, Frankfurt 2012, S. 38–43.

159 Zur Begriffsdefinition, s. Gerhard, Paul: „Dämonen" – „Schreibtischtäter" – Pfadfinder. Die Wandlung des Bildes von NS-Tätern in Gesellschaft und Wissenschaft am Beispiel von Adolf Eichmann und Rudolf Höss, in: Christine Ekel, Oliver von Wrochen (Hgg.): Nationalsozialistische Täterschaften. Nachwirkungen in Gesellschaft und Familie, Berlin 2016, S. 56–68. Zu Kriterien der „Schreibtischtäterschaft", s. Freudiger: Juristische Aufarbeitung von NS-Verbrechen, S. 103–107.

160 Vgl. Kramer, Helmut: Das Verfahren Fritz Bauers zur Beteiligung der Justiz am Anstaltsmord, in: Irmtrud Wojak (Hgg.): „Gerichtstag halten über uns selbst…" Geschichte und Wirkung des ersten Frankfurter Auschwitz-Prozesses, S. 98.

161 Vgl. Bibliographie der Veröffentlichungen Bauers, in: Wojak: Fritz Bauer, S. 467.

162 Wagner, Hans-Ulrich: Fritz Bauer und das Radio, in: Frank Bösch, Konrad Jarausch, Martin Sabrow (Hgg.): Zeithistorische Forschungen 16, Göttingen 2019, S. 175. Folgend zitiert als: Wagner: Fritz Bauer und das Radio.

nicht gewohnt gewesen, dass sie vor der Kamera „Rede und Antwort" stehen mussten. Horn betont, dass die Deutungshoheit über die nationalsozialistische Vergangenheit zu großen Teilen bei Juristen anstatt Historikern lag, da deren Prozesse öffentlich begleitet wurden und sich so in den Mittelpunkt der Berichterstattung „schoben", selbst wenn die Historiker und ihre Gutachten innerhalb der Prozesse von enormer Bedeutung waren. Fritz Bauers Bedeutung für das zeitgeschichtliche Verständnis wird durch das Aufzeigen dieses Sachverhaltes also deutlich gestärkt.[163] Detlev Claussen stellt die These auf, dass Bauer nicht gerne an die Öffentlichkeit ging, „aber die Verfolgung seiner Pflichten ihn dazu nötigte, öffentlich über die von ihm angeregten spektakulären Prozesse zu sprechen und in Hörfunk und Fernsehen mit Aufsätzen und Vorträgen für eine Reformierung des Strafrechts zu kämpfen".[164] Bis auf zwei Ausnahmen[165] sind Medienauftritte im damaligen Leitmedium Radio und in Fernsehsendungen erst ab 1959 nachweisbar.[166] Besonders während des Auschwitz-Prozesses von 1963 bis 1965 in Frankfurt, sprach Bauer vermehrt in Interviews über Sinn und Zweck der Verfahren gegen NS-Verbrecher.[167] Das Fernsehen nahm dabei immer mehr die Rolle zur Bildung des Kollektivgedächtnisses ein.[168]

Bauer wurde in den 1960er Jahren vermehrt von Journalisten interviewt, so dass er schnell einen souveränen Umgang gegenüber den

163 Vgl. Horn, Sabine: Der Gerichtssaal als Geschichtsunterricht, in: Georg Wamhof (Hgg.): Das Gericht als Tribunal oder: Wie der NS-Vergangenheit der Prozess gemacht wurde, Göttingen 2009, S. 112–113.

164 Claussen, Detlev: Unter uns. Die Remigranten Fritz Bauer, Max Horkheimer und Theodor W. Adorno treffen sich in Frankfurt, in: Katharina Rauschenberger (Hgg.): Rückkehr in Feindesland? Fritz Bauer in der deutsch-jüdischen Nachkriegsgeschichte, Frankfurt 2013, S. 107.

165 Bauer äußerte sich am 16. März 1952 im Norddeutschen Rundfunk zusammenfassend zum Prozess gegen Otto Ernst Remer, vgl. Wagner: Fritz Bauer und das Radio, S. 167.

166 Vgl. Wagner: Fritz Bauer und das Radio, S. 166.

167 Vgl. Renz: Auschwitz vor Gericht, S. 190.

168 Ausführlich zur Rolle des Fernsehens in den 1950er und 1960er Jahren, s. Horn, Sabine: Erinnerungsbilder. Auschwitz-Prozess und Majdanek-Prozess im westdeutschen Fernsehen, Essen 2009, besonders S. 28–30; 45–60.

Medienvertretern entwickelte. Meusch stellt heraus, dass Bauer stets versuchte die Gesellschaft direkt anzusprechen und ihr die Relevanz der von ihm diskutierten, vermehrt rechtlichen und gesellschaftlichen, Themen aufzuzeigen. Angefeindet und mit Rücktrittsforderungen konfrontiert, wurde Bauer vor allem für seine Aussagen über das Fortbestehen des Antisemitismus in Deutschland.[169] Ferner versuchte Bauer anhand von leicht verständlichen Beispielen, komplexe Themen für das Radiopublikum aufzubereiten, indem er beispielsweise literarische Beispiele aus dem kollektiven Wissen der Zuhörer mit rechtlichen Fragen in Zusammenhang brachte. Wagner erwähnt ebenfalls, dass Bauer ein gefragter Diskutant bei öffentlichen Veranstaltungen war, in denen er sich als Jurist mit Politikern, Kriminologen oder Psychologen auseinandersetzte. Weiter analysiert Wagner, eher aus einer linguistischen Perspektive, den Sprechstil von Bauer, den er als „sehr fest, sicher und überzeugt" darstellt. In seinem Resümee verweist der Autor jedoch darauf, dass man auf den Einfluss von Bauers Auftritten und seinem Auftreten auf die Öffentlichkeit nur spekulieren könne.[170]

Seine in den 1960er Jahren ansteigende Prominenz und seine kontroversen Forderungen machten Bauer vermutlich zu einer Person, die polarisierte und der viele zuhörten, um sich eine eigene Meinung zu bilden. Er verstand es, die Handlungsräume zu nutzen, welche die Medienlandschaft bot, um gesellschaftliche Veränderungen aufzuzeigen und seine humanistischen Überzeugungen zu teilen.

169 Zu Reaktionen der Öffentlichkeit auf öffentlich geäußerte Kritik Bauers, s. Meusch, Matthias: Von der Diktatur zur Demokratie. Fritz Bauer und die Aufarbeitung der NS-Verbrechen in Hessen (1956–1968), in: Hessischer Landtag (Hgg.): Politische und parlamentarische Geschichte des Landes Hessen, Band 26, Wiesbaden 2001, S. 106–121, hier S. 106–107. Folgend zitiert als: Meusch: Von der Diktatur zur Demokratie.

170 Vgl. Wagner: Fritz Bauer und das Radio, S. 175–177.

3 Der Frankfurter Auschwitz-Prozess 1963–1965

3.1 Historischer Hintergrund und Rolle Bauers

Der Frankfurter Auschwitz-Prozess bzw. die „Strafsache gegen Mulka und andere", wie das Verfahren offiziell bezeichnet wurde, hat in seiner rechtlichen und historischen Bedeutung alle bisherigen Prozesse überragt. Es war nach dem Ulmer Einsatzgruppen-Prozess und dem Eichmann-Prozess in Jerusalem das dritte Verfahren, bei dem der organisierte Massenmord verhandelt wurde. Der Prozess warf die Frage auf, wie man einen Völkermord bestrafen könne.[171] Bauer war überzeugt, dass nur ein großer Prozess eine Änderung in der Wahrnehmung, national sowie international, schaffen könne und es zu verhindern galt, dass die Prozesse als einzelne Verfahren vor verschiedenen deutschen Gerichten abgehalten werden. Dies könne damit begründet werden, dass „kleinere" Verfahren meist nur von der lokalen Presse aufgegriffen wurden und so nicht das gewünschte mediale Echo erzeugt werden konnte.[172] In dieser Auffassung unterstützte ihn der Generalsekretär des Internationalen Auschwitzkomitees Hermann Langbein.

Bauer erhielt vom Journalisten Thomas Gnielka die so genannten „Breslauer Dokumente", welche Offiziere der SS auswies, die an Hinrichtungen in Auschwitz beteiligt gewesen waren.[173] Durch den Umstand des ausländischen Tatorts konnte der BGH das zuständige Ge-

171 Vgl. Görtemaker; Safferling: Die Akte Rosenburg, S. 244.

172 Zur Problematik der begrenzten Öffentlichkeit in regionalen Medien, s. Arendes, Cord: Zwischen Justiz und Tagespresse. „Durchschnittstäter" in regionalen NS-Verfahren, Paderborn 2012, S. 44–50.

173 Vgl. Pendas, Devin: Der 1. Frankfurter Auschwitz-Prozess 1963–1965. Eine historische Einführung, in: Raphael Gross, Werner Renz (Hgg.): Der Frankfurter Auschwitz-Prozess (1963–1965). Kommentierte Quellenedition, S. 58–61.

richt bestimmen und so wurde Bauer mit den Vorbereitungen der Anklage betreut.[174] Um den Prozess möglichst objektiv durchführen zu können, suchte sich Bauer jüngere Juristen, um eine Befangenheit hinsichtlich des NS-Regimes präventiv zu vermeiden.[175] Aufgrund des Misstrauens zu Mitarbeitern der Staatsanwaltschaft agierte das Team um Bauer möglichst geheim, damit keine potentiell anklagbaren Personen die Chance erhielten aus der BRD zu fliehen. Die Annahme, dass dies im Rahmen des Denkbaren schien, begründete sich auf den Verdacht hin, dass die „zentrale Rechtsschutzstelle" im Bundesjustizministerium die Informationen einer drohenden Verfolgung an die im Ausland lebenden „alter Kameraden" weitergeben könne, um diese zu warnen. Jene Stelle war ursprünglich gegründet, um die im Ausland lebenden Kriegsgefangenen zu unterstützen. Aus dem Deckmantel des legitimen Rechtsbeistandes heraus wurde also eine Art „Frühwarnsystem" für potentielle NS-Verbrecher.[176] Fraglich ist dabei, inwieweit die Bundesregierung davon unterrichtet war. Dass die Chancen auf ein stattfindendes Verfahren gering waren, lässt sich ebenfalls anhand der Haltung des Bundesjustizministeriums erklären, welches nur geringes Interesse an der Verfolgung von NS-Verbrechen hatte:

> „Ich bin der Überzeugung, das deutsche Volk und das deutsche Rechtssystem haben das Bestmögliche zur Verfolgung der Verbrechen aus der Nazizeit bereits getan. Die Gefahr, daß ein größerer Tatsachenkomplex aus diesem Bereich unentdeckt und deswegen insgesamt von der Verjährung bedroht ist, besteht nach meiner Überzeugung heute nicht mehr."[177]

Der Prozess konnte am 20. Dezember des Jahres 1963 eröffnet werden und dauerte insgesamt 183 Verhandlungstage. Es war eines der längsten NS-Verfahren in der Geschichte der Bundesrepublik und erzeugte ein öffentlichkeitswirksames und langfristig relevantes Ergebnis. Nach Irmtrud Wojak ist bereits der Tatsache, dass der Prozess zustande kam,

174 Vgl. Görtemaker; Safferling: Die Akte Rosenburg, S. 244.
175 Vgl. Renz: Der erste Frankfurter Auschwitz-Prozess, S. 352.
176 Vgl. Bohr, Felix: Die Kriegsverbrecherlobby. Bundesdeutsche Hilfe für im Ausland inhaftierte NS-Täter, Berlin 2018, S. 119–140. Folgend zitiert als: Bohr: Die Kriegsverbrecherlobby.
177 Bundesjustizminister Fritz Schäfer im Deutschen Bundestag am 24. Mai 1960.

eine Bedeutung zuzuweisen.[178] Die Anklage wurde von drei jungen Staatsanwälten vertreten, die sinnbildlich für das „neue Deutschland" stehen könnten. Insgesamt waren 22 Personen angeklagt, darunter Mitglieder der Waffen-SS, Lagerpersonal sowie ein ehemaliger Funktionshäftling. Der ranghöchste Angeklagte war SS-Hauptsturmführer Robert Mulka, der ehemalige Adjutant des Lagerkommandanten Rudolf Höß.[179]

Fritz Bauer forderte, dass die Anklage für alle gleich lautete, egal welche Position sie im „System Auschwitz" innehatten. Solange die Person in irgendeiner Weise am System beteiligt gewesen war, habe sie sich des Mordes ersten Grades schuldig gemacht. „Auschwitz" begänne also nicht erst „an den Toren zu Auschwitz" und alle Handlungen wären als natürliche Handlungseinheit zu betrachten, so Bauer. Diese Handlungseinheit schloss Personen ein, die Unterschriften gesetzt, Bereiche überwacht sowie Schüsse abgegeben hatten. Eine solche Rechtsauffassung würde zudem prozessökonomische Auswirkungen haben und die Vereinfachung der Verfahren beschleunigen, so Bauer.[180] Er orientierte sich dabei sicherlich auch an den Nürnberger Hauptkriegsverbrecherprozessen, wenn er seine Staatsanwälte anwies, einen „Querschnitt durchs Lager" auf die Anklagebank zu bringen, „eine exemplarische Auswahl von Verdächtigen, die das ganze Spektrum vom Kommandanten bis zum Häftlingskapo repräsentierten [...]."[181] Der Auschwitz-Prozess sollte nicht, wie der Eichmann-Prozess, auf eine bestimmte Person zulaufen, um die nötige Arbeitsteilung aufzuzeigen, „die nötig war, um reibungslos zu morden wie in einer Fabrik – das, was die Historiker später als das Zentrale des Holocaust be-

178 Vgl. Wojak: Fritz Bauer, S. 300.

179 Vgl. Görtemaker; Safferling: Die Akte Rosenburg, S. 244–245.

180 Vgl. Bauer, Fritz: Ideal- oder Realkonkurrenz bei nationalsozialistischen Verbrechen? In: Joachim Vogel (Hgg.): Juristen Zeitung 22, München 1967, S. 628. Ein beschleunigtes Verfahren hätte den Vorteil, dass Bauers Rechtsauffassung zwar angenommen werden würde, die Geschichten der Opfer und die Grausamkeit jedoch nicht langfristig medial präsent wären.

181 Steinke: Kriegsverbrecher vor Gericht, S. 304.

zeichnen werden."[182] Um einen Verdächtigen eines Tatvorwurfes zu überführen, musste der exakte Tathergang konstruiert werden, was bedeutete, dass Zeugenaussagen in Bezug auf das Tatdatum und die Personenbeschreibung übereinstimmen mussten. Das dies 18 Jahre nach der Befreiung des KL eine Schwierigkeit darstellte, ist gewiss. Für die so genannten „Schreibtischtäter" konnten in der Regel keine Zeugenaussagen gefunden werden, da „Personen, die über die Einschaltung der höheren Funktionäre Aussagen machen könnten, selbst in Gefahr laufen, sich der Strafverfolgung auszusetzen."[183] Es wurden Zeugen aus der gesamten Welt eingeladen, die teilweise zum ersten Mal in Deutschland waren und öffentlich über ihre Erinnerungen sprachen. Insgesamt reisten 211 Personen nach Frankfurt, um die Schuld der Beschuldigten zu beweisen. Aufgrund der zeitlichen Distanz zwischen dem Tatgeschehen und der Vernehmung der Zeugen war diese jedoch schwer nachzuweisen.[184] Die rechtsstaatlichen Gerichtsverfahren stellten sich de facto gegenüber dem staatlichen organisiertem Verbrechen während der NS-Herrschaft als unzureichend heraus. Der „Rechtsstaat ist kein Gerechtigkeitsstaat", wie Ganzenmüller aufzeigt.[185] Unter anderem auch, „weil Strafprozesse der großen Zahl der Tatbeteiligten kaum gewachsen [waren], [..] weil Art und Ausmaß des Verbrechens

182 Steinke: Kriegsverbrecher vor Gericht, S. 304.

183 Erwin Schüle an das Justizministerium in Baden-Württemberg vom 18. Januar 1961, zitiert nach: Weinke, Anette: Der Eichmann-Prozess, Hannah Arendts „Eichmann in Jerusalem", in: Andrej Angrick, Martin Cüppers, Jürgen Matthäus (Hgg.): Naziverbrechen. Täter, Taten, Bewältigungsversuche, Darmstadt 2013, S. 293.

184 Vgl. Rückerl, Adalbert: Die Strafverfolgung von NS-Verbrechen 1945–1978. Eine Dokumentation, Karlsruhe 1979, S. 238. Ein Projekt vom Institut der Zeitgeschichte München, das 2008 in Kooperation mit der Holocaust-Gedenkstätte Yad Vashem in Jerusalem durchgeführt wurde, gibt einen zahlenmäßigen Überblick über die strafrechtliche Aufarbeitung der westlichen Besatzungszonen der BRD. Von etwa 36.000 eingeleiteten Ermittlungsverfahren gegen mehr als 170.000 Beschuldigte, wurden lediglich 6656 Verurteilungen ausgesprochen, davon 1200 wegen Mordes. Angeführt für die Einstellung von Verfahren waren unzureichende Beweislage, Ableben der angeklagten Personen oder Amnestien vgl. Jasch; Kaiser: Der Holocaust vor deutschen Gerichten, S. 200.

185 Ganzenmüller: Der Rechtsstaat und die strafrechtliche Aufarbeitung, S. 11.

die Relation von Strafe und Schuld überhaupt erst außer Kraft gesetzt haben."[186]

> „Der Auschwitz-Prozess soll uns Deutsche in Deutschland aber auch in der Welt zeigen, dass ein neues Deutschland, eine deutsche Demokratie gewillt ist, die Würde eines jeden Menschen zu wahren und der Prozess soll weniger in die Vergangenheit schauen sondern in die Zukunft weisen."[187]

Am 19. August 1965 wurden die Urteile in einem 900 Seiten umfassenden Bericht verlesen.[188] Es gab insgesamt 17 Verurteilungen und drei Freisprüche, zwei Angeklagte schieden während der Verhandlungen krankheitsbedingt aus.[189] Weiter wurde im Urteil explizit darauf hingewiesen, dass es sich beim Prozess um einen „normalen" Prozess handle und das Gericht nicht berufen sei, die Vergangenheit zu „bewältigen".[190] Die meisten der Angeklagten zeigten während der Verhandlungen weder Empathie noch Reue oder Respekt gegenüber den Überlebenden, was sich durch die insgesamt vierhundertdreißigstündigen Tonbanddokumente und durch die mediale Berichterstattung beweist, welche durch das Fritz Bauer Institut veröffentlicht wurden.[191] Das historiographische Erbe des Verfahrens ist demnach beachtlich. Die Angeklagten bestritten die Verbrechen nicht, leugneten jedoch

186 Reichel: Vergangenheitsbewältigung, S. 22.

187 Zitat Fritz Bauers, zitiert nach: Wandres, Thomas; Werle, Gerhard: Auschwitz vor Gericht. Das Urteil gegen Dr. Victor Capesius, München 1995, S. 43.

188 Urteil des Landgerichts Frankfurt am Main in der Strafsache gegen Mulka und andere vom 19./20. August 1965, in: Raphael Gross, Werner Renz (Hgg.): Der Frankfurter Auschwitz-Prozess (1963–1965). Kommentierte Quellenedition, Band 2, Frankfurt 2014, S. 572–1208.

189 Vgl. Görtemaker; Safferling: Die Akte Rosenburg, S. 244. Eine übersichtliche Tabelle zu Urteilen und Strafmaß, s. Horn, Sabine: Erinnerungsbilder. Auschwitz-Prozess und Majdanek-Prozess im westdeutschen Fernsehen, Essen 2009, S. 59.

190 Vgl. Wojak, Irmtrud: „Die Mauer des Schweigens durchbrochen". Der erste Frankfurter Auschwitz-Prozess 1963–1965, in: Irmtrud Wojak (Hgg.): „Gerichtstag halten über uns selbst…" Geschichte und Wirkung des ersten Frankfurter Auschwitz-Prozesses, S. 25.

191 Vgl. Tonbandmitschnitte des Auschwitz-Prozesses (1963–1965) in: Tonbandmitschnitte, Protokolle, Dokumente, Digitale Bibliothek, Band 101, Berlin 2005, sowie unter: https://www.auschwitz-prozess.de/ (zuletzt aufgerufen am 15.01.2021).

ihre persönliche Mittäterschaft.[192] Aus rechtlicher Sicht galten die Angeklagten nach dem juristischen Grundsatz „in dubio pro reo"[193] zudem so lange als unschuldig, bis ihnen eine Tat explizit nachgewiesen werden konnte.[194] Einige Angeklagte bzw. deren Verteidiger gingen soweit, dass sie sich statt als Täter als Lebensretter inszenierten.[195] Bauers Hoffnung darauf, dass er mit dem Prozess eine Art geistige Revolution in den Köpfen der Täter anregen könnte, wurde damit enttäuscht. Die Angeklagten sahen sich, nach Reichel, im Prozess viel mehr als Opfer oder als „befehlsunterworfene Soldaten" und lebten zwischen den Prozesstagen ihren „normalen Alltag" weiter.[196] Besonders fällt bei Betrachtung des Urteils auf, dass jede Anklage individuell durch das Schwurgericht bewertet wurde und dieses Bauers Vorstellung von gleicher Anklage und Strafe nicht gefolgt war, was nicht zwangsläufig auf den Willen des Schwurgerichts, sondern mehr auf die fehlende Praktikabilität von Bauers Vorstellungen im rechtlichen Rahmen zurückzuführen ist.[197] Das Gericht musste sich bei der Urteilsfindung primär auf den erbrachten Schuldbeweis durch Zeugen stützen, die zudem möglichst neutral und objektiv auftreten sollten. Da aber kein Zeuge „unbeteiligter Beobachter" war und geringe Zweifel an der Aussagekraft der Zeugen eine Aussage bereits unbrauchbar machten, war dies in der Praxis schwerlich umzusetzen.[198] Man könne also sagen, dass der Auschwitz-Prozess unter anderem auch an den Grenzen des deutschen Strafrechts gescheitert war. Dadurch sei der Holocaust fragmentiert und in „minderschwere Halbverbrechen"

---

192 Vgl. Pendas, Devin: Der 1. Frankfurter Auschwitz-Prozess 1963–1965. Eine historische Einführung, in: Raphael Gross, Werner Renz (Hgg.): Der Frankfurter Auschwitz-Prozess (1963–1965). Kommentierte Quellenedition, S. 70.

193 Übersetzt als: Im Zweifel für den Angeklagten.

194 Vgl. Pendas: Auschwitz-Prozess, S. 101.

195 Vgl. Laternser, Hans: Die andere Seite im Auschwitz-Prozeß 1963/65. Reden eines Verteidigers, Stuttgart 1966, S. 187.

196 14 der Angeklagten befanden sich gegen das Zahlen einer Kaution nicht in Haft, s. Reichel: Vergangenheitsbewältigung, S. 161.

197 Vgl. Renz: Der erste Frankfurter Auschwitz-Prozess, S. 352.

198 Vgl. Renz: Auschwitz vor Gericht, S. 82.

zergliedert worden, so Pendas.[199] Michael Stolleis spricht von einer „unerreichbaren Gerechtigkeit", der man sich nur annähern könne.[200] So gab es lebenslange Haftstrafen für den Tatbestand des Mordes, mildere Haftstrafen hingegen für die so genannte „Beihilfe zum Mord". Personen, bei denen es keine konkreten Zeugenaussagen über ihre Taten gab, wurden freigesprochen, was als Freibrief für viele Beteiligte während der NS-Zeit ausgelegt werden konnte.

Immer wieder kam in der Bevölkerung die Frage auf, wieso es 22 Anklagen gab. Die Zahl schien willkürlich gewählt und stichprobenartig. Da das ganze nationalsozialistische System nicht in ein Gericht passe, seien die Angeklagten „Stellvertreter für viele andere", so der hessische Generalstaatsanwalt.[201] Er wollte demzufolge ein soziales Phänomen betrachten und aburteilen. Fritz Bauer selbst gibt in einer Sendung des hessischen Rundfunks zu verstehen, dass die 22 Angeklagten nur ausgewählte „Sündenböcke" aus insgesamt 5050 potentiellen Tätern seien. Mit dem Wissen über das Resultat des Prozesses wird klar, dass Auschwitz nicht als ein „Ganzes" bzw. ein System gesehen wurde, so dass Bauers Ziele verfehlt wurden und er daher von der „Tragödie" der NS-Prozesse sprach.[202] Durch die individuellen Verurteilungen hat die Bevölkerung so möglicherweise viel mehr die Verbrechen in einigen wenigen „Dämonen" und nicht das potentielle Mitläufertum im Kollektiv gesehen. Von vermeintlichen Sadisten, die auch medial aufgrund ihrer Brutalitäten und Exzesse herausstachen, konnte man sich leichter distanzieren als von dem scheinbar „normalen Menschen", der zum Mörder oder Mordgehilfen wurde und so zum Völkermord

199 Pendas: Auschwitz-Prozess, S. 310–312.

200 Stolleis, Michael: Gerechtigkeit durch Strafrecht? Die Bundesrepublik und ihre „Zentrale Stelle", in: Peter Steinbach, Michael Stolleis (Hgg.): Festakt und Symposium aus Anlass des 50-jährigen Bestehens der Zentralen Stelle der Landesjustizverwaltung zur Aufklärung nationalsozialistischer Verbrechen am 1. und 2. Dezember 2008 in Ludwigsburg, Stuttgart 2009, S. 57.

201 Zitat Bauers vom 5. Februar 1964, zitiert nach: Meusch: Von der Diktatur zur Demokratie, S. 198.

202 Vgl. Renz, Werner: Fritz Bauer und das Versagen der Justiz. Nazi-Prozesse und ihre „Tragödie", Hamburg 2015, S. 31.

beitrug.[203] Anette Weinke betont, dass solche Grausamkeiten dazu führten, dass Personen in besserem Licht gesehen wurden, die sich innerhalb des nationalsozialistischen Rechtsrahmens bewegten und nicht aus eigenem Antrieb „Exzesstäter" wurden.[204] Aus juristischer Perspektive war und ist eine gleichwertige Verurteilung der Angeklagten höchst fraglich und steht entgegen der Tatsache, dass die Gerichte gehalten waren, gesellschaftlich bedingte und arbeitsteilig organisierte Massenverbrechen mit den Normen des geltenden Individualstrafrechts zu bewerten. Bauer wollte für diesen Prozess das Prinzip der Individualschuld jedoch nicht anerkennen, da eine isolierte Beachtung jedes Individuums die Grausamkeit in Auschwitz verkennen würde.[205] Einzelne Beweise sollten nicht erbracht werden müssen, da jede Person innerhalb des Vernichtungssystems im Sinne der Beihilfe zum Mord schuldig wäre und dies das zentrale Strukturmerkmal von Auschwitz gewesen sei. Als Beispiel könne die Person, die die Häftlingskleidung ausgegeben hatte, nach dem Prinzip der individuellen Schuld, nicht des Mordes belangt werden, begünstigte aber den „Prozess" des Mordens.[206]

> „Wenn die Prozesse einen Sinn haben, so ist es die unumgängliche Erkenntnis, daß Anpassung an einen Unrechtsstaat Unrecht ist. Wenn der Staat kriminell ist, weil er die Menschen- und Freiheitsrechte, die Gewissensfreiheit, das Recht auf eigenen Glauben, (...) das Recht auf eigenes Leben systematisch verletzt, ist Mitmachen kriminell. Es ist, wie unsere Prozesse demonstrieren sollen, möglicherweise Mord, gemeiner Mord. Dabei macht es keinen Unterschied, ob ich selber Hand anlege oder nicht. Es kommt nicht darauf an, ob an meinen eigenen Händen Blut klebt oder ob sie nur mit Tinte besudelt sind, ob ich aktiver Täter, Nutznießer oder nur beifällig nickender Zuschauer bin."[207]

---

203 Zum Begriff „Exzess" und befehlslosen Verbrechen, s. Freudiger: Juristische Aufarbeitung von NS-Verbrechen, S. 65–67.

204 Vgl. Weinke: Täter, Opfer, Mittäter, S. 69.

205 Vgl. Steinke: Kriegsverbrecher vor Gericht, S. 303.

206 Vgl. Steinke: Fritz Bauer oder Auschwitz vor Gericht, S. 205.

207 Bauer, Fritz: Antisemitismus. Zur Pathologie der bürgerlichen Gesellschaft, S, 183. Frankfurt 1965.

Neben Bauer gab es nur wenige andere, die sich mit dem Zusammenhang von Einzeltäterschaft und der Rolle von organisierten Machtsystemen auseinandersetzten. Ein wechselseitiges Verhältnis attestiert der Strafrechtler Claus Roxin in seinem 1963 publizierten Aufsatz „Straftaten im Rahmen organisatorischer Machtapparate".[208] Wie auch der Politikwissenschaftler Peter Brokmeier aus zeitgenössischer Perspektive herausstellt, standen die Gerichte der Frage gegenüber, wie mit den so genannten „Ideologietätern" umgegangen werden müsse, die „in der Tat mit Staat und Gesellschaft konform gingen".[209] Der Bundesgerichtshof bekräftigte das Auschwitz-Urteil und die individuellen Schuldsprüche am 20. Februar 1969 mit der Begründung, dass das Handeln, welches die Haupttat in keiner Weise „konkret befördern" würde, nicht bestraft werden könne.[210] Von Dezember 1965 bis Juni 1966 fand der zweite Prozess gegen insgesamt drei Angeklagte, von 1967 bis 1968 der dritte Auschwitz-Prozess gegen zwei Angeklagte in Frankfurt statt, die ein wesentlich geringeres mediales Echo mit sich brachten, was die Annahme zulässt, dass eine Ende der Schlussstreichmentalität noch immer nicht überwunden war.[211]

Jüngste Forschungsergebnisse zeigen, dass der Leiter des Auschwitz-Prozesses, Hans Hofmeyer, ebenfalls tief in der Justiz des NS-Regime verstrickt war. So habe er am Erbgesundheitsgericht in Gießen „mit großem Eifer" Zwangssterilisationen durchführen lassen.[212] Dies än-

208 Roxin, Claus: Straftaten im Rahmen organisierter Machtapparate, in: Heinrich Grützner (Hgg.): Goldtdammer´s Archiv für Strafrecht, Hamburg 1963, S. 193–207.

209 Vgl. Brokmeier, Peter: Die Vorstufe der Endlösung. Zum Frankfurter Euthanasieprozeß 1967/68, in: Walter Fabian (Hgg.): Gewerkschaftliche Monatshefte 21, Köln 1970, S. 36.

210 FBI, FAP-1/HA-128, Bl. 20820R, zitiert nach: Renz: Auschwitz vor Gericht, S. 114.

211 Vgl. Görtemaker; Safferling: Die Akte Rosenburg, S. 244. Zudem gab es weitere Auschwitz-Prozesse in Wien, Erfurt und Krakau. Sowie: Jasch; Kaiser: Der Holocaust vor deutschen Gerichten„ S. 152–153.

212 Zur derzeitigen Forschungslage: Ristic, Matias: Hans Hofymeyer – Widersprüche eines Richters von Format oder: Ein Blick auf den Auschwitz-Prozess-Vorsitzenden im Lichte bislang unberücksichtigter Rechtsprechung, in: Sonja Buckel, Isabel Feichtner, Adreas Fischer-Lescano, Felix Hanschmann, Tanja Hitzel-Cassagnes,

dert nichts daran, dass er den Überlebenden von Auschwitz die Möglichkeit bot, als Zeugen auszusagen und gehört zu werden, verdeutlicht hingegen das Ausmaß der personellen „Elitenkontinuität".[213]

3.2 Exkurs: Radbruchsche Formel

Wie belangt das Recht Personen für Verbrechen, welche diese in einem scheinbar legalen Rahmen verübt haben? Nach der Rechtsprechung des Dritten Reiches waren viele Handlungen legal. In einem Rechtsstaat ist es, wie bereits erwähnt, keine Option, Menschen rückwirkend für Taten zu verurteilen. Diese rechtspositivistische Überzeugung wurde 1945 von Gustav Radbruch zu reformieren versucht, welcher die These aufstellte, dass Recht nicht angewendet werden müsse, wenn dieses unerträglich ungerecht sei oder bewusst Gruppen diskriminiere.[214] Dieses Problem behandelt die Radbruchsche Formel, die später einen großen Einfluss auf die deutsche Rechtsprechung haben sollte, so Ganzenmüller. Während den Auschwitz-Prozessen wurde sie hingegen nicht angewandt. Er zeigt auf, dass sich Fritz Bauer auf diese Formel stützte und die nationalsozialistische Herrschaft per se als „Unrechtsstaat" definierte, so dass eine Berufung auf die Gesetze in diesem nicht zulässig sei.[215]

3.3 Die Gutachten der Historiker im Prozess

Der hessische Generalstaatsanwalt gab insgesamt sieben Sachverständigengutachten in Auftrag, von denen fünf im Jahre 1965 unter dem

---

Eva Kocher, Nora Markard, Dana Schmalz, Maria Wersig, Tim Wihl, Ingeborg Zerbes (Hgg.): Kritische Justiz 53, Baden-Baden 2020, S. 98–113.

213 Vgl. Ganzenmüller: Der Rechtsstaat und die strafrechtliche Aufarbeitung, S. 16.

214 Vgl. Dreier, Ralf; Paulson, Stanley: Einführung in die Rechtsphilosophie Radbruchs, in: Gustav Radbruch (Hgg.): Rechtsphilosophie. Studienausgabe, Heidelberg 2011, S. 235–250.

215 Vgl. Ganzenmüller: Der Rechtsstaat und die strafrechtliche Aufarbeitung, S. 13.

Titel „Anatomie des SS-Staates“[216] veröffentlicht wurden.[217] Diese Gutachten waren dazu bestimmt, den Richtern schon vor den eigentlichen Vernehmungen eine Vorstellung von politischen und historischen Zusammenhängen zu vermitteln.[218] Bauer hatte bereits während des Remer-Prozesses die Bedeutung solcher Gutachten erkannt, um historisch-politische Hintergründe zu bestimmen und somit die Gerichte in eine Art „Handlungszwang“ zu bringen.[219] Weiter sollten die Gutachten „lebendig“ und dem breiten Publikum verständlich sein. Diese didaktische Perspektive war zwar von Bauer gewünscht, wurde aber von den zeithistorischen Gutachtern nicht umgesetzt.[220] Martin Broszat schreibt in seinem Vorwort, dass „das Gericht so bessere sachliche Voraussetzungen [gewinne], die Aussagen der Zeugen kritisch zu prüfen“.[221] Mit dem Begriff Zeugen bezieht sich Broszat auf die Angeklagten. Da von diesen zu erwarten war, dass diese sich die Unkenntnis des Gerichtes über Zuständigkeiten und Handlungsspielräume der einzelnen Personengruppen zu ihrem Vorteil nutzen wollten, ist dieses Vorwort sicherlich gerechtfertigt. Nach Broszat ist es die Aufgabe des historischen Gutachters, statt der Betrachtung von einzelnen Ereignissen und Personen, die Rahmenbedingungen zu schildern, also Aussagen zum Gesamtsystem zu machen und Aufzuzeigen, welche Personengruppe welche Handlungsautonomie besaß. So soll das Gericht die Möglichkeit erhalten, die einzelnen Taten der jeweils Angeklagten einzuschätzen und zu beurteilen. Es wurde im Gutach-

---

216 Die Autoren waren Hans Buchheim, Martin Broszat, Hans-Adolf Jacobsen und Helmut Krausnick.

217 Besonders das von Heins Buchheim verfasste Gutachten „Befehl und Gehorsam“ erhielt eine Aufmerksamkeit, da es die Schuldfrage der handelnden Personen thematisierte.

218 Vgl. Frei: Wann wird ein Held zum Helden, S. 278. Zur Kritik an der Verwendbarkeit von solchen Gutachten im Gericht, s. Reichel: Vergangenheitsbewältigung, S. 178.

219 Vgl. Reichel: Vergangenheitsbewältigung, S. 171–172.

220 Vgl. Renz: Der erste Frankfurter Auschwitz-Prozess, S. 351–352.

221 Vgl. Broszat, Martin: Vorwort, in: Hans Buchheim, Martin Broszat, Hans-Adolf Jacobsen, Helmut Krausick (Hgg): Anatomie des SS-Staates, 7. Auflage, München 1999, S. 9–12.

ten beispielsweise die Frage geklärt, inwiefern man sich Befehlen „in Weltanschauungssachen" entziehen konnte.[222] Im Selbstverständnis der Sachverständigen zeigte sich so also eine klare Abgrenzung in den Rollen als Historiker und Zeuge. Die rationale Aufschlüsselung von Systematik steht konträr zu einer etwaig emotionalen Betrachtungsweise der Angehörten im Verfahren entgegen. Auch zeigt sich ein klarer Unterschied zwischen den Rollen des Historikers und des Richters. Die Aufgabe des Richters besteht darin, einem konkreten Täter einzelne Verbrechen, also schuldhaftes Handeln, nachweisen zu können.[223] Wildt stellt die Frage, ob sich die juristische Definition eines Mörders oder Totschlägers mit der geschichtswissenschaftlichen Bestimmung eines NS-Täters deckt und inwieweit ein Gesamtzusammenhang erläutert werden muss:

> „So wie sich das Bild des Täters auf die juristische Definition des Mörders oder Mordgehilfen reduziert, so konzentriert sich der Blick in den staatsanwaltlichen Ermittlungen auf die Tat, […] denn allein die Tat ist von Relevanz. Aber erschöpfen sich die Verbrechen des Nationalsozialismus in der Tat? Ist das unmittelbare Mordgeschehen nicht der Vollzug einer Praxis, deren Dimension und Zusammenhang über die Tat hinausreichen und deren Struktur und Kontextualität erst untersucht werden müssen, bevor der Mord selbst erklärt werden kann?"[224]

Der Historiker Martin Geyer beschreibt, dass ein Teil der Gesellschaft sowie zeitgenössische Historiker die Zeit nach Kriegsende als „Katastrophe" oder „Tragik" betitelten und als Kontinuitätsbruch empfan-

222 Vgl. Buchheim, Hans: Befehl und Gehorsam, in: Hans Buchheim, Martin Broszat, Hans-Adolf Jacobsen, Helmut Krausick (Hgg): Anatomie des SS-Staates, 7. Auflage, München 1999, S. 289–318.

223 Zum Unterschied zwischen Historiker und Richter, s. Stolleis, Michael: Der Historiker als Richter – der Richter als Historiker, in: Norbert Frei, Dirk van Laak, Michael Stolleis (Hgg.): Geschichte vor Gericht. Historiker, Richter und die Suche nach Gerechtigkeit, München 2000, S. 173–183.

224 Wildt, Michael: Differierende Wahrheiten. Historiker und Staatsanwälte als Ermittler von NS-Verbrechen, in: Norbert Frei, Dirk van Laak, Michael Stolleis (Hgg.): Geschichte vor Gericht. Historiker, Richter und die Suche nach Gerechtigkeit, München 2000, S. 57.

den.[225] Der Fokus auf Rationalität und emotionaler Distanz sollte daher eine sachlichen Aufklärung der Geschehnisse unterstützen. Die Konzentration auf Strukturen und Systeme ist also unabdingbar zur Analyse des NS-Staates und seiner Entstehung. Mögliche Kritikpunkte lassen sich an einem solchen Vorgehen in der etwaigen Abwertung von Zeitzeugenaussagen oder Erinnerungen festmachen.

Die Gutachten bilden bis ins Jahr 1963 die einzige systematische deutschsprachige Forschungsarbeit zu den Konzentrations- und Vernichtungslagern, wie Sabine Horn betont.[226] Es war die Ambition Bauers, diese Gutachten im Anschluss an das Verfahren auch als Taschenbuch zu veröffentlichen, was seinen Willen zur Aufklärung des deutschen Volkes bezeugt.

3.4 Rezeption des Frankfurter Auschwitz-Prozesses

Es stellt sich die Frage, welche Impulse der Prozess setzte. Hat das Komplexverfahren und die mediale Aufmerksamkeit zu einem Bewusstseinswandel in der deutschen Gesellschaft sowohl hinsichtlich der eigenen Konfrontation der Vergangenheit als auch der justiziellen Aufarbeitung von NS-Verbrechen geführt? Der Generalstaatsanwalt Fritz Bauer beabsichtigte, vor allem durch die Größe des Verfahrens, weite Teile der westdeutschen Gesellschaft „aufzuklären", indem der Prozess „durch die Aufdeckung und Erforschung ganzer Verbrecher-

225 Vgl. Geyer, Martin: Im Schatten der NS-Zeit. Zeitgeschichte als Paradigma einer (bundes-)republikanischen Geschichtswissenschaft, in: Alexander Nützenadel, Wolfgang Schieder (Hgg.): Zeitgeschichte als Problem. Nationale Traditionen und Perspektiven der Forschung in Europa, Göttingen 2004, S. 25–28.

226 Vgl. Horn, Sabine: Der Gerichtssaal als Geschichtsunterricht, in: Georg Wamhof (Hgg.): Das Gericht als Tribunal oder: Wie der NS-Vergangenheit der Prozess gemacht wurde, Göttingen 2009, S. 104–105. Zu erwähnen ist, dass Feststellungen über das Tatgeschehen im KL Auschwitz nicht explizit Gegenstand des Gutachtens ist, da dieses im Prozess rekonstruiert werden sollte, s. Renz: Auschwitz vor Gericht, S. 183.

komplexe zusätzliches historisches Wissen generiert.“[227] Die deutsche Nachkriegsgesellschaft wurde dementsprechend umfassend und medienwirksam mit den Verbrechen während der NS-Herrschaft, besonders innerhalb der Konzentrations- und Vernichtungslager konfrontiert. Das bestehende historische Wissen wurde vor einer breiten Öffentlichkeit ausgesprochen und erweitert. Der Historiker Devin O. Pendas stellt heraus, dass alleine in den Tageszeitungen „Die Welt“, „Frankfurter Rundschau“, „Frankfurter Allgemeine Zeitung“ und „Süddeutsche Zeitung“, innerhalb von 22 Monaten, 933 Artikel über den Prozess veröffentlicht wurden.[228] Auch in den 2010er Jahern wurden der Öffentlichkeit noch weitere Berichte zugänglich gemacht[229] sowie Fernsehserien und Redeanteile zur Zeit des Auschwitz-Prozesses analysiert.[230] Im Artikel „Kleine Leute waren nötig für den Massenmord“ wird deutlich, dass die Verurteilten stellvertretend für die Gesellschaft standen, welche sich durch ihr Schweigen mitschuldig gemacht hat:[231]

> „Die westdeutsche Öffentlichkeit verfolgte den Prozess mit makabrer Faszination, feindseliger Gleichgültigkeit, tief empfundener Scham und Reue.“[232]

---

227 Arendes, Cord: Zwischen Justiz und Tagespresse. „Durchschnittstäter“ in regionalen NS-Verfahren, Paderborn 2012, S. 168.

228 Vgl. Renz, Werner: Der 1. Frankfurter Auschwitz-Prozess 1963–1965 und die deutsche Öffentlichkeit. Anmerkung zur Entmythologisierung eines NSG-Verfahrens, in: Jörg Osterloh, Clemens Vollnhals (Hgg.): NS-Prozesse und deutsche Öffentlichkeit. Besatzungszeit, frühe Bundesrepublik und DDR, Göttingen 2011, S. 361.

229 Vgl. Winters, Peter Jochen: Den Mördern ins Auge gesehen. Berichte eines jungen Journalisten vom Frankfurter Auschwitz-Prozess 1963–1965, in: Sonja Häder, Ulrich Wiegmann (Hgg.): Zeitgeschichten, Band 14, Berlin 2015. Zeitungsberichte aus Deutschland und Israel fasst Inge Deutschkron zusammen, in: Deutschkron, Inge: Auschwitz war nur ein Wort. Berichte über den Frankfurter Auschwitz-Prozess 1963–1965, Berlin 2018.

230 Grafiken der quantitativen Inhaltsanalyse, s. Horn, Sabine: Erinnerungsbilder. Auschwitz-Prozess und Majdanek-Prozess im westdeutschen Fernsehen, Essen 2009, S. 86–110.

231 Vgl. Pendas: Auschwitz-Prozess, S. 10–13.

232 Pendas: Auschwitz-Prozess, S. 10.

Durch die noch geringere Bedeutung des Fernsehens bestimmten die Zeitungsjournalisten in den 1960er Jahren den öffentlichen Meinungsdiskurs und hatten, nach Vollnhals und Osterloh, einen „wesentlich größeren Einfluss auf die Definition und Hierarchie diskussionswürdiger Themen".[233] Dabei gilt jedoch zu beachten, dass die öffentlichen Reaktionen von einer „Diskrepanz zwischen veröffentlichter Meinung und Bevölkerungsmeinung bestimmt war."[234] Der Prozess erregte ein hohes Maß an Aufmerksamkeit und wurde insgesamt von etwa 20.000 Zuschauern, unter anderem ganzen Schulklassen, besucht. Mit dieser enormen Zuschauerzahl kann die These aufgestellt werden, dass der Prozess durchaus als gesellschaftliches und allgegenwärtiges Ereignis eingestuft werden kann, besonders da eine so hohe Auflage innerhalb der Berichterstattung auch an die Lesererwartungen geknüpft war.[235] Einer der Gründe für die beachtliche Rezeption in der Bevölkerung könne sein, dass die Angeklagten nicht allein die so genannten „Schreibtischtäter" aus den „höheren Rängen" waren, sondern auch „normales" Lagerpersonal angeklagt wurde, welches am Vernichtungsprozess beteiligt war. Somit wurde die Frage nach eigener Täter- bzw. Mithilfeschaft aufgeworfen. Zudem schilderten erstmals Zeugen die Zustände in den Lagern vor einer breiten Öffentlichkeit. Auch Bauer setzte viel daran, dass der Prozess in die Öffentlichkeit gelangte. Verschiedene Umfragen zeigen, dass die Mehrheit der Befragten über das Stattfinden des Prozesses Kenntnis hatte, jedoch größtenteils für die

233 Osterloh, Jörg; Vollnhals; Clemens: Einleitung, in: Jörg Osterloh, Clemens Vollnhals (Hgg.): NS-Prozesse und deutsche Öffentlichkeit. Besatzungszeit, frühe Bundesrepublik und DDR, Göttingen 2011, S. 22.

234 Diesen Phänomen arbeitet Heike Krösche besonders mit Blick auf die Nürnberger Prozesse heraus, s. Krösche, Heike: Abseits der Vergangenheit. Das Interesse der deutschen Nachkriegsöffentlichkeit am Nürnberger Prozess gegen die Hauptkriegsverbrecher 1945/46, in: Jörg Osterloh, Clemens Vollnhals (Hgg.): NS-Prozesse und deutsche Öffentlichkeit. Besatzungszeit, frühe Bundesrepublik und DDR, Göttingen 2011, S. 93.

235 Vgl. Miquel, Marc: Aufklärung, Distanzierung, Apologie. Die Debatte über die Strafverfolgung von NS-Verbrechern in den sechziger Jahren, in: Norbert Frei, Sybille Steinbacher (Hgg.): Beschweigen und Bekennen. Die deutsche Nachkriegsgesellschaft und der Holocaust, Göttingen 2001, S. 56–57.

Einstellung des Verfahrens plädierte.[236] Es sei, wie Becker-Schmidt pointiert, ein Anstieg der öffentlich geäußerten Ablehnung gegenüber den NS-Verfahren zu verzeichnen.[237]

Inwieweit jene Umfragen repräsentativ sind, bleibt offen.[238] Herauszustellen ist jedoch, dass im Vergleich zu dem Jerusalemer Eichmann-Prozess im Jahr 1961, weitaus weniger Umfragen durchgeführt wurden.[239] Die kontinuierliche Berichterstattung der Presse stand, so Pendas weiter, im Kontrast zu der von Teilen der Bevölkerung vertretenden Gleichgültigkeit.[240] Typisch für die deutsche Presse war es zudem, eine gewisse Schwarz-Weiß-Logik zu manifestieren und die Taten der Angeklagten mit deren Wesen oder Aussehen in Verbindung zu bringen. Ein Prozessberichterstatter wunderte sich beispielsweise, dass derartige „Spießer" so „unvorstellbare Grausamkeiten" hätten verüben können. Daraus entstand das Narrativ, dass die vermeintlichen Täter während des Krieges „Dämonen" gewesen waren, nach dem Krieg in ein bürgerliches Leben zurückkehrten und dieses „Dämonentum" fortan ablegten.[241] Zu Beginn des Auschwitz-Prozesses am 20. Dezember 1963 wurde zwölf Fernsehteams aus verschiedenen Ländern erlaubt, im Gerichtssaal zu filmen. Weiter waren über 200 Journalisten im Saal anwesend. Um dem steigenden Interesse am Prozess gerecht werden zu können, wurde dieser immer wieder in größere Säle verlegt. Aber auch radikale Prozesskritiker mehrten sich, so dass der Gerichtssaal jede Nacht auf Bomben untersucht wurde, um Anschläge zu verhindern.

Werner Renz stellt Fritz Bauers aufklärerisches Charaktermerkmal heraus, indem er erklärt, dass Bauer während des Prozesses in der Frank-

236 Vgl. Pendas: Auschwitz-Prozess, S. 272. Außerdem: Plack, Arno: Plädoyer für die Abschaffung des Strafrechts, München 1974, S. 361.

237 Vgl. Becker-Schmidt, Regina: Reaktionen der westdeutschen Bevölkerung auf den Auschwitz-Prozess, in: Studienkreis des Deutscher Widerstand 1933–1945 (Hgg.): Informationen 29, Heft 60, Frankfurt 2004, S. 9.

238 Zur Einschätzung von Umfragen und dem Unterschied zwischen „öffentlicher" und „veröffentlichter" Meinung, vgl. Osterloh; Vollnhals: NS-Prozesse, S. 15.

239 Vgl. Renz: Auschwitz vor Gericht, S. 191.

240 Vgl. Pendas: Auschwitz-Prozess, S. 271.

241 Vgl. Pendas: Auschwitz-Prozess, S. 282.

furter Paulskirche Exponate aus dem KL Auschwitz ausstellte, die sich tausende Deutsche ansahen und welche ebenfalls medial aufgegriffen wurden.[242]

Die Frage, ob die Medienpräsenz zu einem allgemeinen Wandel des Vergangenheitsbewusstseins angestoßen hat, lässt sich, auch durch die geringe Dichte der durchgeführten Meinungsumfragen nach dem Auschwitz-Prozess, nicht einhellig beantworten. Die These, dass der Auschwitz-Prozess für die BRD einen Bruch mit der Vergangenheit darstellt und einen Neustart markiert, kann weder klar bejaht noch verneint werden. Ralph Dobrawa akzentuiert eine „aufweichende Schlussstrichmentalität" nach dem Prozess.[243] Weinke betrachtet den Prozess nicht als Wendepunkt, jedoch als wichtigen Einschnitt innerhalb der Erinnerungskultur der BRD.[244] Reichel hingegen stellt heraus, dass die Bevölkerung den Prozess zwar interessiert verfolgte, der Wille zur weiteren Verfolgung von Verbrechen aber im Gegensatz zu 1958 deutlich nachgelassen habe, da die Deutschen „endlich aufhören sollten ihr eigenes Nest zu beschmutzen", so zitiert er aus einem zeitgenössischen Zeitungsartikel.[245] Somit steht eine intensive Medienberichterstattung nicht zwangsläufig für ein Bejahen der Aufklärungsbemühungen durch die Justiz.

Da seit Beginn der 1950er Jahre alle westdeutschen NS-Prozesse nach dem traditionellen deutschen Strafrecht verhandelt wurden und dieses keinen „Völkermord" beinhaltete, musste jedem einzelnen Angeklagten die individuelle Schuld nachgewiesen werden, was rechtsdogmatisch sowie durch die zeitliche Distanz zwischen vermeintlicher Tat und Prozess, problematisch war. Aufgrund dieser Tatsache entstand Anfang der 1960er Jahre ein öffentlicher Diskurs über das Spannungs-

242 Vgl. Renz, Werner: Der erste Frankfurter Auschwitz-Prozeß. Völkermord als Strafsache, in: Stiftung für Sozialgeschichte des 20. Jahrhunderts (Hgg.): Zeitschrift für Sozialgeschichte des 20. und 21. Jahrhunderts, Bremen 2000, S. 30.

243 Dobrawa, Ralph: Der Auschwitz-Prozess. Ein Lehrstück deutscher Geschichte, Berlin 2013, S. 249.

244 Vgl. Weinke: Täter, Opfer, Mittäter, S. 64.

245 Reichel: Vergangenheitsbewältigung, S. 183.

verhältnis vom pädagogischen und strafrechtlichen Anspruch des Prozesses.[246] Die Meinungen der Gesellschaft in Bezug auf die Absichten Fritz Bauers waren de facto differenziert. Auf der einen Seite kann davon ausgegangen werden, dass die Mehrheit der Bevölkerung Fritz Bauer mehr als Juden statt in seiner Rolle als Richter wahrnahm und dieser als Person mit jüdischem Hintergrund das Motiv der Rache über das der Gerechtigkeit stelle. Diese Meinung etablierte sich ungeachtet der Tatsache, dass Bauer oftmals seine patriotische Haltung betonte und sich selbst als glaubenslos bezeichnete.[247] Man traute ihm nicht zu, dass er im Interesse aller Deutschen handeln könne, so Ronen Steinke. Dies lässt sich durch die Ausführungen des CDU-Abgeordneten Erich Großkopf bestätigen, welcher Bauer im hessischen Landtag die Fähigkeit absprach, als ehemals Verfolgter sachlich handeln zu können.[248]

Die Medienrezeption hinsichtlich des Prozesses im Ausland war gleichermaßen gewaltig. Zum ersten Mal wurde im Detail die systematische Ermordung von Menschen und Personengruppen thematisiert und dokumentiert. Die Aussagen von Inhaftierten oder unmittelbar betroffenen Personen machte dies zu einem emotional treffenden Verfahren.

In Deutschland bekamen jüngere Menschen, welche den Krieg nicht miterlebt hatten, einen Eindruck von den Begebenheiten und fingen an Fragen zu stellen. Der Prozess brachte den Völkermord an den Verfolgten und die grausamen Details ans Tageslicht und ist daher als enormer Beitrag gegen das Vergessen zu werten. Bauers Absichten, mit den Aussagen der Überlebenden eine Art „Katharsis“ innerhalb der Gesellschaft durch Mitgefühl und Respekt auszulösen, wurde dadurch jedoch nicht erfüllt. Was hat also der Auschwitz-Prozess bewirkt? Es

246 Vgl. Pendas: Auschwitz-Prozess, S. 267.

247 Ein Vergleich von Bauers Verhältnis zum jüdischen Glauben sowohl vor als auch nach der Remigration zeigt Steinke auf, s. Steinke: Fritz Bauer oder Auschwitz vor Gericht, S. 28–51.

248 Vgl. Steinke: Fritz Bauer oder Auschwitz vor Gericht, S. 205.

wird deutlich, dass der Prozess die öffentliche Meinung wesentlich weniger beeinflusste als angenommen. Gleichwohl zeigt der Prozess die unterschiedlichen Meinungshaltungen der Gesellschaft auf und stieß Debatten an, die bis heute geführt werden.

Waren die Bemühungen Bauers also erfolgreich? Bauer regte den öffentlichen Diskurs sowohl während den Auschwitz-Prozessen als auch im Remer-Prozess an. Die Gerichtsprozesse machten die Verbrechen innerhalb der Öffentlichkeit sichtbar, so dass Fritz Bauer wohl als ein Pionier innerhalb der Aufarbeitungsgeschichte gesehen werden kann.[249] Sein teilweise öffentlich gemachter Pessimismus zeigt indes einen Frust gegenüber der Gesellschaft als solche und wurde von dieser möglicherweise auch durch eine ablehnende Haltung gegenüber Bauer als Person gespiegelt. Bauer wusste von der Abneigung gegen ihn und verzichtete daher auch auf einen symbolischen Eröffnungsvortrag oder das Schlussplädoyer während des Auschwitz-Prozesses. Er übergab diese Aufgabe den jüngeren Staatsanwälten, über die er „Regie führte", so Steinke.[250] Bauers wohl bekanntes Zitat „wenn ich mein Büro verlasse, betrete ich feindliches Ausland"[251], zeugt von einer ohnmächtigen Haltung gegenüber einer Gesellschaft, die nicht aufgeklärt und erinnert werden mochte und die in staatlichen Behörden noch von nationalsozialistischen Charakteren dominiert wurde, die kein Interesse an der Aufarbeitung von geschichtlicher Wahrheit und rechtsstaatlicher Verantwortung hatten.[252] Seine Grundstimmung sei, nach der Lesart von Irmtrud Wojak, jedoch auch die „Quelle seines Tatendrangs" gewesen, aus welcher Bauer „sachliche Leidenschaft" geschöpft hätte.[253]

249 Vgl. Backhaus; Boll; Gross: Fritz Bauer. Der Staatsanwalt, S. 9.
250 Vgl. Steinke: Fritz Bauer oder Auschwitz vor Gericht, S. 215–220.
251 Zitiert nach Frei: Wann wird ein Held zum Helden, S. 278.
252 Über Schwierigkeiten und Sabotage in der Vorbereitung des Auschwitz-Prozesses, s. Görtemaker; Safferling: Die Akte Rosenburg, S. 245–246.
253 Wojak: Fritz Bauer, S. 437.

4 Fritz Bauers Rolle in anderen Verfahren

4.1 Bauer und Hans Globke

Die deutsche Nachkriegsgesellschaft war, wie zuvor bereits erwähnt, noch nicht gänzlich „entnazifiziert". Ab 1949 stand der Aufbau der BRD sowie der Demokratie im Vordergrund und das ab den 1950er Jahren einsetzende Wirtschaftswunder begünstigte einen optimistischen Blick in die Zukunft. Noch immer befanden sich ehemalige NS-Funktionäre in wichtigen Positionen innerhalb der neu gegründeten Republik. Eine der wohl bekanntesten Persönlichkeiten mit nationalsozialistischem Hintergrund dürfte Hans Globke gewesen sein, der 1949 von Konrad Adenauer zum Ministerialdirigenten und ab 1953 zum Leiter des Bundeskanzleramtes ernannt wurde. Er agierte somit als einer der engsten Vertrauten Adenauers.[254] Globke galt als „Graue Eminenz", da er kaum in die Öffentlichkeit trat und „die Kontinuität der alten Verwaltungselite repräsentierte, die vom Kaiserreich über die Weimarer Republik und das Dritte Reich in die Zeit nach dem Zweiten Weltkrieg hinüberreichte".[255] Der amtierende Bundeskanzler Konrad Adenauer war bis zum Ende seiner Amtszeit Befürworter eines „Ruhenlassens" der Vergangenheit.[256] Globke stand unter anderem in der Kritik, da er die Nürnberger Rassengesetze kommentierte sowie Verordnungen verfasste, die später die Deportation der Ju-

---

254 Eine übersichtliche Kurzbiographie Globkes samt kritischer Beleuchtung seines Werdegangs und seiner Tätigkeiten im nationalsozialistischen System findet sich in: Lommatzsch, Erik: Hans Globke und der Nationalsozialismus. Eine Skizze, in: Thomas Brechenmacher, Günter Buchstab, Hans-Otto Kleinmann, Hans Jürgen Küsters (Hgg.): Historisch-Politische Mitteilungen 10, Köln 2013, S. 95–128.

255 Görtemaker; Safferling: Die Akte Rosenburg, S. 118.

256 Vgl. Von Miquel, Marc: Ahnden oder amnestieren? Westdeutsche Justiz und Vergangenheitspolitik in den sechziger Jahren, Göttingen 2004, S. 213–215.

den begünstigte.[257] Seine politische Vergangenheit war weitreichend bekannt, dessen ungeachtet wurde er von Adenauer zum Staatssekretär im Bundeskanzleramt ernannt.[258] Der Historiker Wolfgang Benz schreibt über Globke, dass er kein Nationalsozialist oder Antisemit gewesen sei, „aber im Sinne des NS-Regimes funktioniert und [sich] durch sachkompetente Mitwirkung am System der Judenverfolgung mitschuldig gemacht [hat]."[259] Im Sinne einer Rechtsauslegung nach Bauer, also dass jede Person, die Teil des Tötungsapperates war, schuldig der Beihilfe zum Mord gesprochen werden sollte, wirkt Globkes hohe Position in der BRD als durchaus fragwürdig. Dabei ist offen, ob die Rekrutierung von Globke in den inneren Kreis von Adenauer als ein Schritt gedeutet werden könne, um der Bevölkerung zu zeigen, dass eine Integration in das neue System der BRD möglich war oder ob es viel eher als Zeugnis einer fehlgeschlagenen Entnazifizierung diene.

Globke wurde 1961 von Fritz Bauer angeklagt, das Verfahren Bauer jedoch unmittelbar durch eine Intervention Adenauers entzogen und daraufhin eingestellt.[260] Begründet werden könnte dies damit, dass die Stabilität des Staates als schützenswerter angesehen wurde als die Aufarbeitung von Globkes NS-Vergangenheit. Dies führt zu der Frage, ob die Aufarbeitung von NS-Verbrechen generell als positiver oder ne-

257 Vgl. Bevers, Jürgen: Der Mann hinter Adenauer. Hans Globkes Aufstieg vom NS-Juristen zur Grauen Eminenz der Bonner Republik, Berlin 2009, S. 181.

258 Vgl. Lommatzsch, Erik: Hans Globke und der Nationalsozialismus. Eine Skizze, in: Thomas Brechenmacher, Günter Buchstab, Hans-Otto Kleinmann, Hans Jürgen Küsters (Hgg.): Historisch-Politische Mitteilungen 10, Köln 2013, S. 95.

259 Benz, Wolfgang: Globke, Hans Maria, in: Wolfgang Benz (Hgg.): Handbuch des Antisemitismus, Band 2, Berlin 2009, S. 287. Ebenso:Görtemaker; Safferling: Die Akte Rosenburg, S. 119.

260 Gleichzeitig fürchtete sich die deutsche Regierung vor der Belastung Globkes durch Adolf Eichmann, der in Jerusalem vor Gericht stand, was für das „schlechte Gewissen" und die parallel verlaufende Ignoranz diesbezüglich spricht, s. Krause, Peter: „Eichmann und wir". Die bundesdeutsche Öffentlichkeit und der Jerusalemer Eichmann-Prozess 1961, in: Jörg Osterloh, Clemens Vollnhals (Hgg.): NS-Prozesse und deutsche Öffentlichkeit. Besatzungszeit, frühe Bundesrepublik und DDR, Göttingen 2011, S. 304.

gativer Faktor für die innere Stabilität der BRD gesehen werden kann. Zudem wurde Bauer eine Nähe zur DDR unterstellt, da diese bereits versuchte Globke zu diffamieren.[261] Globke wurde oft vom SED-Regime attackiert und wurde von den in der DDR gelegenen Gerichten im Jahr 1963 zu einer lebenslangen Haftstrafe verurteilt.[262] Die DDR wollte mit dieser Praxis die Regierung destabilisieren und beweisen, dass „die moralisch und politisch Schuldigen an den NS-Verbrechen in der Bundesrepublik an den Schalthebeln der Macht saßen und die große Masse der Funktionsträger aus dem Dritten Reich wieder öffentliche Positionen [bekleidete].“[263] Die CDU beantragte aufgrund der Vorkommnisse die Amtsenthebung Bauers, scheiterte aber am Widerstand der SPD im hessischen Landtag.[264]

4.1.1 Exkurs: NS-Verbrechen in der DDR

Es sei zu erwähnen, dass sich die Art und Weise des Umgangs mit der NS-Vergangenheit in der DDR von derer der BRD abgrenzte.[265] Es stünden politische sowie intergenerationelle Konflikte im Raum, welche sich nur schwer lösen ließen, besonders da sich die DDR als das „gute“ Deutschland inszenierte, so Hans-Christian Jasch.[266] Die Spaltung Deutschlands erschwerte auch die Strafverfolgung, da wichtige Dokumente in kommunistischen Ländern aufbewahrt wurden und diese somit nur schwer zugänglich waren. Einen interessanten Einblick

261 Vgl. Reichel: Vergangenheitsbewältigung, S. 158.

262 Vgl. Urteil gegen Hans Josef Maria Globke, in: Dick de Mildt, Christiaan Rüter (Hgg.): DDR-Justiz und NS-Verbrechen. Sammlung ostdeutscher Strafurteile wegen nationalsozialistischer Tötungsverbrechen, Band 3, Amsterdam 2006.

263 Wentker, Hermann: Die gesamtdeutsche Systemkonkurrenz und die durchlässige innerdeutsche Grenze. Herausforderung und Aktionsrahmen für die DDR in den fünfziger Jahren, in: Dierk Hoffmann (Hgg.): Vor dem Mauerbau. Politik und Gesellschaft in der DDR der fünfziger Jahre, München 2003, S. 71.

264 Vgl. Bästlein, Klaus: Der Fall Globke – Propaganda und Justiz in Ost und West, Berlin 2018, S. 74–75.

265 Vgl. Keldungs, Karl-Heinz: NS-Prozesse 1945–2015. Eine Bilanz aus juristischer Sicht, Düsseldorf 2019, S. 326–327.

266 Vgl. Jasch; Kaiser: Der Holocaust vor deutschen Gerichten, S. 41–45.

in die unterschiedlichen Wahrnehmungen der west- und ostdeutschen Gesellschaft zu NS-Prozessen bietet der Aufsatz von Christian Dirk. Dieser führt auf, dass auch in der DDR eine deutliche „Schlussstrichmentalität“ zu spüren war. Weiter untersucht Dirk die verschiedenen Reaktionen auf Prozesse sowohl innerhalb der BRD als auch der DDR und markiert Unterschiede sowie Wechselwirkungen.[267] Im Allgemeinen kann gesagt werden, dass die „Vergangenheitsbewältigung“ ein in der DDR durchaus umstrittener Prozess war, der durch die so genannte „antifaschistisch-demokratische Umwälzung“ vermeintlich zum Abschluss gekommen sei.[268] Während des Kalten Krieges sammelte die DDR Material zur NS-Vergangenheit von hochrangigen Personen innerhalb der westdeutschen Öffentlichkeit. Diese daraus entstandenen denunzierenden „Braunbücher“, die zwischen 1955 und 1968 veröffentlicht wurden, erregten internationales Aufsehen und führten teilweise zu Entlassungen und Rücktritten.[269] Dass die DDR dabei nicht gänzlich im Sinne einer Aufklärung handelte, sondern es vielmehr das Ziel gewesen sei, das eigene System gegenüber der BRD zu legitimieren und die BRD zu diskreditieren, kann angenommen werden.[270]

267 Dirks, Christian: „Vergangenheitsbewältigung“ in der DDR. Zur Rezeption des Prozesses gegen den KZ-Arzt Dr. Horst Fischer 1966 in Ost-Berlin, in: Jörg Osterloh, Vollnhals Clemens (Hgg.): NS-Prozesse und deutsche Öffentlichkeit. Besatzungszeit, frühe Bundesrepublik und DDR, Göttingen 2011, besonders S. 349–362.

268 Ausführlich zur Entnazifizierungspolitik der DDR: Welsh, Helga: Revolutionärer Wandel auf Befehl? Entnazifizierungs- und Personalpolitik in Thüringen und Sachsen (1945–1948), München 1989. Sowie: Vollnhals, Clemens: Entnazifizierung. Politische Säuberung und Rehabilitierung in den vier Besatzungszonen 1945–1949, München 1991.

269 Vgl. Görtemaker; Safferling: Die Akte Rosenburg, S. 196–198. Zur Einflussnahme der DDR in der BRD, s. Knabe, Hubertus: Die unterwanderte Republik. Stasi im Westen, Berlin 1999, S. 140–142. Zur „Blutrichter“-Kampagne gegen die westdeutsche Justiz, s. Folgend zitiert als: Greve: Der justizielle Umgang, S. 99–101.

270 Zur Rolle der DDR in westdeutschen Verfahren wird derzeit besonders im Zusammenhang zur Person Karl Kraul geforscht. Als Rechtsanwalt aus Ostberlin konzentrierte er sich seit den 1960er Jahren auf die Vertretung von Nebenklägern aus der DDR in bundesdeutschen Verfahren, vgl. dazu: Jahresbericht des Fritz Bauer Instituts von 2019, Frankfurt 2020, S. 9. Zur Rezeption der BRD innerhalb der DDR-Justiz, s. Görtemaker; Safferling: Die Akte Rosenburg, S. 61–62.

4.2 Fritz Bauer und die NS-Euthanasieverbrechen

Bauer spielte gleiherweise eine zentrale Rolle bei den geplanten Verfahren zu NS-Euthanasie.[271] Als Anstoß für seine Bemühungen galt die Enttarnung des Obergutachters bei der „Aktion T4", Werner Heyde, welcher nach Kriegsende untertauchte und unter einem Decknamen weiter als Arzt tätig war. Bauer stellte im Jahr 1962 die Anklageschrift gegen Heyde sowie gegen seine potentiellen Mittäter. Diese Anklageschrift, in der über 80.000 Seiten Prozessakten und Vernehmungsprotokolle gegen die Organisatoren der „Aktion T4" zusammengebracht wurden, gilt heute als bedeutendstes Dokument zur Aufarbeitung der Euthanasieverbrechen. Der Prozess scheiterte durch den Suizid und der Feststellung der Verhandlungsunfähigkeit jeweils zweier Angeklagter sowie der Flucht eines weiteren.[272] Bauer wollte einen Grundlagenprozess zu Rechtsfragen der NS-Euthanasie vor Gericht bringen, auch um einen „volkspädagogischen Effekt"[273] zu erzielen. Er hoffte auf die Einsicht der Bevölkerung hinsichtlich der Wahrung der Menschenrechte und Würde des Menschen.[274] Das Verfahren wurden nach Bauers Ableben beendet.[275]

4.3 Der Eichmann-Prozess 1961

Im Jahr 1961 erregte der Prozess um den ehemaligen SS-Obersturmbannführer und Leiter des Referats IV B4 für „Judenangelegenheiten

271 Vgl. Wojak: Fritz Bauer, S. 363. Bauer wurde auch in diesem Verfahren mit enormen Widerstand und Ignoranz der Justiz konfrontiert, s. Görtemaker; Safferling: Die Akte Rosenburg, S. 247.

272 Vgl. Dittmann, Udo: Fritz Bauer und die Aufarbeitung der NS-Euthanasie, Braunschweig 2015, S. 10–12.

273 Rautenberg, Erardo: Die Bedeutung des Generalstaatsanwalts Dr. Fritz Bauer für die Auseinandersetzung mit dem NS-Unrecht, in: Ansgar Klein, Hans-Josef Legrand, Jan Rohwerder, Jochen Roose (Hgg.): Forschungsjournal Soziale Bewegungen, Pressetext zu Heft 4, Berlin 2015, S. 8.

274 Vgl. Wojak: Fritz Bauer, S. 372–387.

275 Vgl. Görtemaker; Safferling: Die Akte Rosenburg, S. 247.

und Räumungsangelegenheiten"[276] Adolf Eichmann internationales Aufsehen.[277] Eichmann galt als einer der Hauptverantwortlichen für die systematische Vernichtung der europäischen Juden und konnte nach Kriegsende erfolgreich in Buenos Aires, Argentinien unter dem Decknahmen „Ricardo Klement“ untertauchen. Dort wartete er bis zur Verjährung seiner Straftaten am 8. Mai 1960, um danach ggf. wieder nach Deutschland zurückzukehren.[278] Eichmann wurde hingegen am 11. Mai 1960 vom israelischen Geheimdienst entführt und anschließend in Jerusalem vor Gericht gestellt. Mit dem Prozess änderte sich das Bild der NS-Täter nachhaltig. Waren kurz nach 1945 die Gestapo und die SS als Hauptverantwortliche für die Vernichtung der Juden identifiziert worden, etablierte der Eichmann-Prozess das Bild des „Schreibtischtäters“, also einer Person die auch aus dem bürgerlichen Milieu kommen konnte, sich aber dennoch in den industrialisierten Massenvernichtungsprozess eingefügt hatte, „ohne sich die Hände schmutzig zu machen.“[279] Es drängte sich die Frage auf, wo die „vielen anderen kleinen Eichmänner“ seien und wie sie ihre weiteren Karrieren gestalteten.[280] Eichmann wurde am 15. Dezember 1961 zum Tode durch Erhängen verurteilt und am 1. Juni 1962 hingerichtet.[281]

276 Oftmals auch als „Juden-" bzw. „Eichmannreferat" betitelt.

277 Eine Kurzbiographie Eichmanns bietet Peter Krause, s. Krause, Peter: „Eichmann und wir“. Die bundesdeutsche Öffentlichkeit und der Jerusalemer Eichmann-Prozess 1961, in: Jörg Osterloh, Clemens Vollnhals (Hgg.): NS-Prozesse und deutsche Öffentlichkeit. Besatzungszeit, frühe Bundesrepublik und DDR, Göttingen 2011, S. 285–289.

278 Vgl. Görtemaker; Safferling: Die Akte Rosenburg, S. 233.

279 Ausführlich zur Wirkung des Eichmann-Prozesses in Deutschland, s. Krause, Peter: Der Eichmann-Prozess in der deutschen Presse, Frankfurt 2002.

280 Vgl. Osterloh, Jörg; Vollnhals; Clemens: Einleitung, in: Jörg Osterloh, Clemens Vollnhals (Hgg.): NS-Prozesse und deutsche Öffentlichkeit. Besatzungszeit, frühe Bundesrepublik und DDR, Göttingen 2011, S. 27.

281 Vgl. Bohr: Die Kriegsverbrecherlobby, S. 144. Ausführlich zur Urteilsfindung, s. Krause, Peter: Der Eichmann-Prozess in der deutschen Presse, in: Fritz Bauer Institut (Hgg.): Wissenschaftliche Reihe, Band 8, Frankfurt 2002, S. 285–294.

4.3.1 Der Prozess als ein Verdienst Bauers?

Bauer spielte eine zentrale Rolle bei der Ergreifung Eichmanns.[282] Er erfuhr durch einen Brief des jüdischen Emigranten Lothar Hermann von Eichmanns Flucht auf der als „Rattenlinie“ bezeichneten Überseeroute, konnte die zuständigen Stellen innerhalb der BRD jedoch nicht zu einem Auslieferungsantrag bewegen. Bauer, der bereits im November des Jahres 1956 einen Haftbefehl gegen Eichmann „wegen millionenfachen Mordes an Juden“ erwirkte, blieb ungehört und seine Forderung wurde aufgrund von bürokratischen Nichtzuständigkeiten und Ignoranz des Bundesjustizministers nicht weiter verfolgt.[283] Im Angesicht dieser deutschen „Passivität“, wie es Görtemacher und Safferling nennen, wandte sich Bauer über Kontakte an den Mossad, welcher später die Entführung nach Israel einleitete.[284] Dieses Vorgehen besprach Bauer lediglich mit dem hessischen Ministerpräsidenten Zinn, da er mit einem solchen Handeln gegen Dienstvorschriften verstieß. Die Zielstrebigkeit und Beharrlichkeit Bauers sowie seine „notgedrungen einsamen“ Entscheidungen trugen de facto maßgebend zur Ergreifung Eichmanns bei.[285] Der sowohl von Bauer als auch von Eichmann selbst geforderte Auslieferungsantrag nach Deutschland wurde seitens der BRD nicht gestellt.[286] Wohl auch, da Vertreter der Politik und Wirtschaft befürchteten, dass Eichmann gegen ehemalige Komplizen aussagen würde und somit „die Position nicht weniger ehemaliger

282 Vgl. Ausführungen zu Bauers Verfolgung von Eichmann, Bormann und Mengele, in: Wojak: Fritz Bauer, S. 267–297.

283 Vgl. Bevers, Jürgen: Der Mann hinter Adenauer. Hans Globkes Aufstieg vom NS-Juristen zur Grauen Eminenz der Bonner Republik, Berlin 2009, S. 179.

284 Vgl. Bästlein, Klaus: Der Fall Globke – Propaganda und Justiz in Ost und West, Berlin 2018, S. 73.

285 Vgl. Steinke: Fritz Bauer oder Auschwitz vor Gericht, S. 18.

286 Vgl. Görtemaker; Safferling: Die Akte Rosenburg, S. 235. Zum Problem des „richtigen“ Ortes für den Eichmann-Prozess, s. Krause, Peter: „Eichmann und wir“. Die bundesdeutsche Öffentlichkeit und der Jerusalemer Eichmann-Prozess 1961, in: Jörg Osterloh, Clemens Vollnhals (Hgg.): NS-Prozesse und deutsche Öffentlichkeit. Besatzungszeit, frühe Bundesrepublik und DDR, Göttingen 2011, S. 294–297.

Nazis, die sich heute wieder in Amt und Würden befinden, erschüttern wird."[287]

Durch die eingeklagte Freigabe der Akten wurde der Öffentlichkeit im Jahr 2010 bekannt, dass sowohl der westdeutsche BND als auch der Auslandsgeheimdienst der USA seit 1952 über den Aufenthaltsort von Eichmann Bescheid wussten und diese Informationen bewusst nicht nach Israel weitergegeben wurden, obwohl Israel mit hohem Druck nach Eichmann fahndete.[288] Dass die Regierungen sich vor enthüllenden Aussagen fürchteten, kann dadurch bestätigt werden. Besonders Aussagen über Hans Globke hätten die Stabilität der jungen BRD gefährden können, so Bevers.[289]

4.3.2 Exkurs zu Hannah Arendt: Eichmann in Jerusalem

> „Man könnte wohl sagen, daß die lebendige Menschlichkeit eines Menschen in dem Maße abnimmt, in dem er auf das Denken verzichtet [...]."[290]

Obgleich bei dem Umfang dieser Arbeit nicht explizit auf die Thesen und ausgelösten Kontroversen durch Hannah Arendt eingegangen werden kann, so erscheint es doch als zulässig, wolle man die Stimmung der 1960er Jahre einfangen, Arendts Thesen zu Eichmann im Kurzen zu skizzieren. Arendt, die sich selbst als politische Theoretike-

287 Zitat aus einem Artikel von Herbert Freeden in der Frankfurter Rundschau vom 1. Juni 1960 mit dem Titel „Großinquisitor des europäischen Judentums", zitiert nach: Krause, Peter: „Eichmann und wir". Die bundesdeutsche Öffentlichkeit und der Jerusalemer Eichmann-Prozess 1961, in: Jörg Osterloh, Clemens Vollnhals (Hgg.): NS-Prozesse und deutsche Öffentlichkeit. Besatzungszeit, frühe Bundesrepublik und DDR, Göttingen 2011, S. 302.

288 Vgl. Bästlein, Klaus: Der Fall Globke – Propaganda und Justiz in Ost und West, Berlin 2018, S. 73.

289 Dazu ausführlich, s. Bevers, Jürgen: Der Mann hinter Adenauer. Hans Globkes Aufstieg vom NS-Juristen zur Grauen Eminenz der Bonner Republik, Berlin 2009, S. 179–182.

290 Zitat Hannah Arendts, zitiert nach: Salzberger, Florian: „Kein Mensch hat das Recht zu gehorchen". Hannah Arendts Philosophie des Umgangs im Anschluss an die Narrativitätskonzeption ihres Spätwerkes, München 2017, S. 292.

rin sah, schrieb unter anderem über Feminismus, Antisemitismus sowie politische Systeme und begleitete den Eichmann-Prozess als Prozessbeobachterin in Israel.[291] Ihr anschließend veröffentlichtes Buch „Eichmann in Jerusalem: Ein Bericht von der Banalität des Bösen"[292] erschien im Jahr 1963 und war höchst umstritten.[293] Sie bezeichnete Adolf Eichmann als eine „durchschnittliche, schlichte Person", deren Charaktereigenschaften in gewaltiger Diskrepanz zu den administrativen Tätigkeit bei der systematischen Vernichtung von Menschen stehe. Weiter sah sie in ihm eher einen Opportunisten statt eines überzeugten Nationalsozialisten. Die Historiker Vollnhals und Osterloh erkennen in Eichmann den „Prototypen des NS-Schreibtischtäters."[294] Er wäre sowohl psychisch als auch physisch kein „Ungeheuer" gewesen. Arendt attestierte ihm die Unfähigkeit zu denken, da sich Eichmann während des Prozesses stets mit dem Argument des lediglichen „Befolgens von Befehlen" zu verteidigen versucht hatte.[295] Er benutzte dabei, mitunter als Strategie seiner Verteidigung, eine solche Amtssprache, dass Arendt ihm absprach eine „wirkliche Person" zu sein. „Sein Gewissen hatte er an seine Staatsführung abgegeben", schreibt Wojak.[296] Die Behauptung Arendts, dass Eichmann kein Motiv hätte

291 Arendt schrieb zudem später zum Auschwitz-Prozess, s. Naumann, Bernd: Der Auschwitz-Prozess. Bericht über die Strafsache gegen Mulka u.a. vor dem Schwurgericht Frankfurt am Main 1963–1965, Hamburg 2013, S. 309–331.

292 Eine umfassende Erläuterung zur Definition des „Bösen" und des Banalitätsbegriffes, s: Balzer, Tanja: Der Begriff des Bösen bei Hannah Arendt, in: Ludwig Tavernier (Hgg.): Studies in European Culture 10, Weimar 2014, besonders S. 85–96.

293 Ausführlich dazu, s. Ludz, Ursula: Nur ein Bericht? Hannah Arendt und ihr Eichmann Buch, in: Werner Renz (Hgg.): Interesse um Eichmann. Israelische Justiz, deutsche Strafverfolgung und alte Kameradschaften, Frankfurt 2012, S. 259–288.

294 Osterloh, Jörg; Vollnhals; Clemens: Einleitung, in: Jörg Osterloh, Clemens Vollnhals (Hgg.): NS-Prozesse und deutsche Öffentlichkeit. Besatzungszeit, frühe Bundesrepublik und DDR, Göttingen 2011, S. 27.

295 Vgl. Barash, Jeffrey Andrew: Über die Unfähigkeit zu denken. Hannah Arendts Eichmann-Deutung, in: Benjamin Pollock, Daniel Weidner, Christian Wiese: Naharaim. Zeitschrift für deutsch-jüdische Literatur und Kulturgeschichte 6, Heft 1, Berlin 2012, S. 109.

296 Wojak, Irmtrud: Eichmanns Memoiren. Ein kritischer Essay, Frankfurt 2001, S. 204.

und „ohne zu denken“ gehandelt hätte, kann aufgrund seiner Aussagen, die er Willem Sassen[297] in Argentinien zur Zusammenstellung seiner Memoiren machte, durchaus kritisch beurteilt werden. So prahlt er: „Ich war kein normaler Befehlsempfänger gewesen, dann wäre ich ein Trottel gewesen, sondern ich habe mitgedacht, ich war ein Idealist gewesen.“[298] Grade dieser Idealismus unterscheidet ihn jedoch von der Banalität, wie sie Arendt versteht, so ihre Kritiker. Tobias Blanke, der sich vor allem mit Theorien zu Politik und Moral auseinandersetzt, sieht in Eichmann einen Karrieristen und das „Banale” grade eben in diesem Eifer nach Verantwortung und Anerkennung.[299] Pendas, der Arendts Thesen ebenfalls kritisch betrachtet, schreibt: „If Arendt´s theory of evil is ultimatley less than fully satisfying, that is because justice itself falls short when confronted with an evil as all encompassing and multidimensional as that of the Holocaust.“[300]

4.3.3 Der Eichmann-Prozess in den westdeutschen Medien

Die Ergreifung Eichmanns sorgte weltweit für Schlagzeilen, wobei der Name „Eichmann“ dem Großteil der Bevölkerung vor dem Prozess wenig sagte.[301] Wie der Historiker Peter Krause herausarbeitet, berichtete die Presse täglich über das Verfahren. Krause verweist auf die Diskussion in der Gesellschaft, die sich nun wieder mit der eige-

297 Willem Sassen war deutsch-niederländischer Journalist, welcher als Auftragsschreiber ein Buch zu Eichmanns Memoiren und darin einschließend seiner Tätigkeit im Reichssicherheitshauptamt verfassen sollte, s. Görtemaker; Safferling: Die Akte Rosenburg, S. 233.

298 Zitat Eichmanns, zitiert nach: Wojak, Irmtrud: Eichmanns Memoiren. Ein kritischer Essay, Frankfurt 2001, S. 195.

299 Vgl. Blanke, Tobias: Das Böse in der politischen Theorie: Die Furcht vor der Freiheit bei Kant, Hegel und vielen anderen, Bielefeld 2006, S. 21–22.

300 Pendas, Devin: „Eichmann in Jerusalem“, Arendt in Frankfurt: The Eichmann Trial, the Auschwitz Trial, and the Banality of Justice, in: Duke University Press (Hgg.): New German Critique 100, Durham 2007, S. 109.

301 Vgl. Weinke, Anette: Der Eichmann-Prozess, Hannah Arendts „Eichmann in Jerusalem“, in: Andrej Angrick, Martin Cüppers, Jürgen Matthäus (Hgg.): Naziverbrechen. Täter, Taten, Bewältigungsversuche, Darmstadt 2013, S. 290–291.

nen Verantwortung und der Schuldfrage konfrontiert sah und stellt Berichte aus den überregionalen Tageszeitungen zusammen, die dies bestätigen. Auf der anderen Seite stellt er dar, wie die Kritiker und „Schlussstrichmentalisten" die Verschlechterung des deutschen Ansehens in den Vordergrund rückten und das Verfahren um Eichmann als erneute Demütigung für die Deutschen sahen.[302] So riet Adenauer, das Verfahren in Jerusalem nicht zu verfolgen, da es „die ganzen Abscheulichkeiten des Hitlerregimes wieder aufwühlen würde."[303] Die deutsche Regierung stand also zwischen zwei Stühlen. Auf der einen Seite musste sie die Verbrechen verurteilen und international zeigen, dass eine lückenlose Aufklärung erwünscht war, auf der anderen Seite fürchtete sie sich vor dem Verlust der internationalen Reputation und der Konfrontation mit der Vergangenheit.

302 Vgl. Krause, Peter: „Eichmann und wir". Die bundesdeutsche Öffentlichkeit und der Jerusalemer Eichmann-Prozess 1961, in: Jörg Osterloh, Clemens Vollnhals (Hgg.): NS-Prozesse und deutsche Öffentlichkeit. Besatzungszeit, frühe Bundesrepublik und DDR, Göttingen 2011, S. 289–292.

303 Zitiert nach Miquel, Marc: „Wir müssen mit den Mördern zusammenleben!" NS-Prozesse und politische Öffentlichkeit in den sechziger Jahren, in: Irmtrud Wojak (Hgg.): „Gerichtstag halten über uns selbst..." Geschichte und Wirkung des ersten Frankfurter Auschwitz-Prozesses, S. 103.

5 „Vergangenheitsbewältigung" innerhalb der Gesellschaft

Fraglich ist, inwieweit ein generelles Interesse der deutschen Bevölkerung an der juristischen Verfolgung von NS-Straftätern bestand. Durch die ablehnende Haltung gegenüber einer „Kollektivschuld"[304], war eine Auseinandersetzung mit der persönlichen Schuld unmittelbar nach Kriegsende, welches geprägt durch den Kalten Krieg und den Wiederaufbau war, nur bedingt gegeben. Wenige wollten sich fragen, welche Verantwortung und welches Maß an Schuld sie selbst trugen. Ralph Giordano spricht von einer „Zweiten Schuld", die sich aus der Leugnung und Verdrängung der „Ersten Schuld", also der Schuld der Deutschen unter Hitler, begründet.[305] Wie zuvor erwähnt, herrschte die Meinung, dass die Verantwortlichen bereits während der Nürnberger Prozesse bestraft wurden, insofern sie nicht geflohen waren oder Suizid begangen hatten. Die Nürnberger Prozesse, die heute als „Meilenstein" des Völkerrechts und der internationalen Friedensordnung gelten, waren in Westdeutschland nicht unumstritten, vor allem da sie, aufgrund des Ausschlusses von Beobachtern aus neutralen Staaten und der Ausübung eigens geschaffener Normen, als „Gericht der Siegerjustiz" bezeichnet und ihre Legalität angezweifelt wurde.[306] Peter Reichel

---

304 Der Vorwurf einer Kollektivschuld begründet sich unter anderem auf die im März 1946 angewandte Methoden der alliierten „zur Befreiung von Nationalsozialismus und Militarismus". So musste jeder volljährige Bürger einen Fragebogen ausfüllen und wurde anschließend in eine der fünf folgenden Gruppen eingeteilt: Hauptschuldige, Belastete, Minderbelastete, Mitläufer und Entlastete. Durch eine solche Praxis erschien jeder Bürger als vermeintlicher Täter.

305 Vgl. Giordano, Ralph: Die zweite Schuld: Oder von der Last Deutscher zu sein, Köln 1987, S. 12.

306 Vgl. Schulte, Jan Erik: Wiege apologetischer Narrative. Die Organisationsverfahren gegen SS, Gestapo und SD vor dem Internationalen Militärgerichtshof in

bezieht sich auf eine „schweigende Mehrheit", deren Forderung bis hin zur Begnadigung von so genannten Kriegsverbrechern geht."[307] Auch Eichmüller spricht von einem „Gnadenfieber", das seinen Ursprung in der vermeintlichen Ungerechtigkeit der Justiz der Siegermächte fand.[308] Könnte also vielleicht auch von einer „dritten Schuld" gesprochen werden, die sich aus dem mangelnden Willen an der Verfolgung von NS-Verbrechen durch die deutsche Justiz ergibt?

Durch das Straffreiheitsgesetz von 1949 und das „Entnazifizierungsschlussgesetz" schien es, als ob die Aufarbeitung der vergangenen Jahre unter NS-Herrschaft bereits abgeschlossen sei.[309] Wie die moderne Forschung heute aufzeigt, stand diese noch am Anfang.[310] Zu Beginn der 1950er Jahre war die Presseberichterstattung weitgehend eindimensional, so dass sich vermehrt kritisch auf die von den Alliierten verurteilten Kriegsverbrecher konzentriert wurde. Verharmlosung der Taten und Begnadigungsforderungen dominierten innerhalb der Medien.[311] Die Presse stand damit in Wechselwirkung zur Bevölkerung und propagierte die so genannte „Schlussstrichmentalität", die innerhalb der Forschung als Resultat einer Ablehnung der persönlichen „Vergangenheits- und Schuldbewältigung" gesehen wird.[312] Eine solche Abwehrhaltung erklärt Martin Broszat, indem er den Unterschied zwischen der medialen und gerichtlichen Aufarbeitung kenntlich macht. So stünden Zeitungen beispielsweise unter dem „Schock der wüsten Hinterlassenschaft des Dritten Reiches" und thematisierten daher eher das

---

Nürnberg 1945/46, in: Jan Erik Schulte, Michael Wildt (Hgg.): Die SS nach 1945. Entschuldigungsnarrative, populäre Mythen, europäische Erinnerungsdiskurse, Göttingen 2018, S. 29–31.

307 Vgl. Reichel: Vergangenheitsbewältigung, S. 22.

308 Vgl. Eichmüller: Keine Generalamnestie, S. 107.

309 Vgl. Rückerl, Adalbert: Die Strafverfolgung von NS-Verbrechen 1945–1978. Eine Dokumentation, Karlsruhe 1979, S. 47.

310 Vgl. Just-Dahlmann, Barbara; Just, Helmut: Die Gehilfen. NS-Verbrechen und die Justiz nach 1945, Frankfurt am Main 1988, S. 275.

311 Vgl. Eichmüller: Keine Generalamnestie, S. 155.

312 Vgl. Eitz, Thorsten; Stötzl, Georg: Art. Vergangenheitsbewältigung, in: Wörterbuch der „Vergangenheitsbewältigung". Die NS-Vergangenheit im öffentlichen Sprachgebrauch, Band 2, Hildesheim 2009, S. 605.

Narrativ einer so genannten „Deutschen Katastrophe", die von Betroffenheit, Rat- sowie Hilflosigkeit geprägt war. Die Justiz hingegen war aus „praktisch-politischen" Gründen gezwungen, sich mit den harten Tatsachen der NS-Zeit zu befassen.[313]

Ab der zweiten Hälfte der 1950er Jahre rückten die Prozesse, trotz abnehmender Tendenz eingeleiteter Verfahren, wieder in den Fokus der Medien.[314] Vordergründig herausgearbeitet wurde nun jedoch die Grausamkeit, die die vermeintlichen Täter zeichnete.[315] Schlagzeilen wie „Die Mörder sind immer noch unter uns" wurden verwendet, um zu verdeutlichen, dass die Aufarbeitung bei Weitem nicht abgeschlossen war.[316] Auch ließ der erwähnte Ulmer Einsatzgruppen-Prozess die Forderung nach einer Generalamnestie oder einem „Schlussstrich" seitens der Presse auf ein niedrigeres Niveau sinken. Mit den Erkenntnissen des Historikers Gerhard Paul, der sich innerhalb der NS-Täterforschung mit der Rezeption der NS-Verbrechen in der Gesellschaft auseinandergesetzt hat, kann jener Umschwung in der Gesellschaft nachvollzogen werden. So sei durch Kriminalisierung und „Dämonisierung" der NS-Verbrecher während der 1950er Jahre, eine Distanz aufgebaut worden, die sich in den 1960er Jahren durch „Entpersonalisierung" und „Abstrahierung" auszeichnen würde.[317] Der dämonisier-

313 Vgl. Broszat: Siegerjustiz oder strafrechtliche „Selbstreinigung", S. 479.

314 Für eine ausführliche Aufzählung der eingeleiteten Verfahren bis ins Jahr 1997, s. De Mildt, Dick; Rüter, Christiaan: Die westdeutschen Strafverfahren wegen nationalsozialistischer Tötungsverbrechen 1945–1997. Eine systematische Verfahrensbeschreibung mit Karten und Registern, München 1998.

315 Zum Unterschied zwischen Zeitzeugenaussagen und Täteraussagen bzw. die Aussagekraft von Urkunden, s. Roseman, Mark: Holocaust-Täter aus der Sicht der Opfer, in: Andrej Angrick, Martin Cüppers, Jürgen Matthäus (Hgg.): Naziverbrechen. Täter, Taten, Bewältigungsversuche, Darmstadt 2013, S. 232–237.

316 Vgl. Eichmüller: Keine Generalamnestie, S. 175.

317 Zum Begriff der Dämonisierung, s. Gerhard, Paul: „Dämonen" – „Schreibtischtäter" – Pfadfinder. Die Wandlung des Bildes von NS-Tätern in Gesellschaft und Wissenschaft am Beispiel von Adolf Eichmann und Rudolf Höss, in: Christine Ekel, Oliver von Wrochen (Hgg.): Nationalsozialistische Täterschaften. Nachwirkungen in Gesellschaft und Familie, Berlin 2016, S. 56–68. Zudem: Kühne, Thomas: Dämonisierung, Viktimisierung, Diversifizierung. Bilder von nationalsozialistischen Gewalttätern in Gesellschaft und Forschung seit 1945, in: Christi-

te Täter würde vom „Schreibtischtäter", besonders im Hinblick auf die Verurteilung Adolf Eichmanns, abgelöst und manifestierte sich in den Köpfen der Bevölkerung.[318]

> „Die „normalen" Deutschen konnten sich von den Tätern distanzieren, ohne deren Taten leugnen zu müssen."[319]

Jasch und Kaiser kommen zu einem ähnlichen Ergebnis, wenn sie sich mit der Umstrukturierung des Mordparagraphen im September 1941 befassen und die späteren Auswirkungen auf die Prozesse der Nachkriegszeit vor deutschen Gerichten betonen. Hieß es vor 1941 noch, dass Mörder war „wenn er die Tödtung mit Überlegung ausgeführt hat", wurde es 1941 geändert in: „Mörder ist, wer aus Mordlust, zur Befriedigung des Geschlechtstriebs, aus Habgier oder sonst aus niederen Beweggründen, heimtückisch oder grausam oder mit gemeingefährlichen Mitteln oder um eine andere Straftat zu ermöglichen oder zu verdecken, einen Menschen tötet." Durch die Prüfung von subjektiven und objektiven Tatbeständen, die unterschiedlich ausgelegt werden konnten, wurden so vor deutschen Gerichten Tatbeteiligte lediglich als Gehilfen angesehen, welche milde oder gar nicht bestraft wurden.[320] Demnach wurden lediglich Hitler, Göring, Himmler, Heydrich, sowie wenige andere als Haupttäter angesehen, so dass die so genannten „Schreibtischtäter" begünstigt wurden und die Reflexion in Bezug auf die Schuld durch bewusstes Nicht-Handeln der Justiz versäumt wurde.[321]

---

ne Ekel, Oliver von Wrochen (Hgg.): Nationalsozialistische Täterschaften. Nachwirkungen in Gesellschaft und Familie, Berlin 2016, S. 32–55.

318 Vgl. Osterloh, Jörg; Vollnhals; Clemens: Einleitung, in: Jörg Osterloh, Clemens Vollnhals (Hgg.): NS-Prozesse und deutsche Öffentlichkeit. Besatzungszeit, frühe Bundesrepublik und DDR, Göttingen 2011, S. 27.

319 Paul, Gerhard: Von Psychopathen, Technokraten des Terrors und „ganz gewöhnlichen" Deutschen, in: Gerhard Paul (Hgg.): Die Täter der Shoah. Fanatische Nationalsozialisten oder ganz normale Deutsche? Göttingen 2002, S. 21.

320 Vgl. Renz: Auschwitz vor Gericht, S. 84–87.

321 Vgl. Jasch; Kaiser: Der Holocaust vor deutschen Gerichten, S. 204. Außerdem: Freudiger: Juristische Aufarbeitung von NS-Verbrechen, S. 408.

Durch die Prozesse um Fischer-Schweder, Adolf Eichmann sowie den Frankfurter Auschwitz-Prozess wurde das Interesse der Gesellschaft und der internationalen Presse angeregt, so dass auf der einen Seite die Kritik geäußert wurde, dass die Angeklagten während den Prozessen zu gut behandelt worden wären und die anschließenden Verurteilungen zu milde ausfielen. Ist der erstere Umstand noch mit der allgemeingültigen Unschuldsvermutung zu begründen, waren Missverhältnisse zwischen Urteilsfindungen über Verbrechen aus der NS-Zeit und Urteilen über Verbrechen nach den veranlassten Straffreiheitsgesetzen spürbar.[322] Auch Broszat spricht von einem Unverständnis der Bevölkerung in Bezug auf die späte Durchführung einiger NS-Prozesse. Er beschreibt Verfahren, in denen „unangemessene Milde" oder eine vermeintlich vorschnelle Anerkennung eines „Befehlsnotstandes" entschieden wurde sowie Gerichte, die eben jene Entschuldigungsnarrative nicht gelten ließen und zu deutlich härteren Urteilen kamen. Jene folgten Bauers Auffassung, man müsse „Nein" sagen, wenn offensichtlicher Rechtsbruch begangen wird.[323]

Die anfängliche Entschuldigungsbereitschaft für Kriegsverbrechen kann anhand der allgemeinen „Schlussstrichmentalität", der persönlichen Befangenheit und dem Wissen darüber, indirekt „ein Teil" des NS-Systems gewesen zu sein, erklärt werden. Dass diese aber noch lange nicht überwunden war, zeigen zeitgenössische Meinungsumfragen. 1964 stimmten 54 % der Befragten der Aussage zu, dass das „Dritte Reich" ein „Unrechtsstaat/Verbrecherregime" gewesen sei.[324] Weiterhin arbeitet Osterloh heraus, dass eine „generell [kritischere] Sicht auf die NS-Vergangenheit im Zuge des Generationenwechsels zu beobachten ist."[325] Trotz des „augenöffnenden" Ergebnisses aus dem Ulmer Einsatzgruppen-Prozess, der von der Presse als „ein Schlaglicht auf

322 Vgl. Reichel: Vergangenheitsbewältigung, S. 192.

323 Vgl. Broszat: Siegerjustiz oder strafrechtliche „Selbstreinigung", S. 542.

324 1979 stimmten 71 % dafür, vgl. Allensbacher Jahrbuch der Demoskopie 1978–1983, München 1983, S. 191, zitiert nach: Osterloh; Vollnhals: NS-Prozesse, S. 30–31.

325 Osterloh; Vollnhals: NS-Prozesse, S. 31.

die versäumte Ahndung von Verbrechen des Naziregimes" bezeichnet wurde, hatte die Zentralen Stelle in Ludwigsburg nach ihrer Gründung kein positiv konnotiertes öffentliches Prestige und wurde mit hämischen Spitznamen betitelt, wie Greve anhand von Schilderungen des Mitarbeiters und späteren Leiters der Zentralen Stelle Adalbert Rückerl darlegt.[326] Ebenfalls von Teilen der Bevölkerung kritisch zu betrachten sei die Tatsache, dass manche Personengruppen, wie beispielsweise die Mitarbeiter des Reichssicherheitshauptamtes der SS in den 1950er Jahren, durch die Besatzungsmächte begnadigt wurden, so dass diese nicht mehr von der deutschen Justiz verfolgt werden konnten.[327] Zusammenfassend lässt sich also keine verallgemeinernde Aussage über die öffentliche Meinung der damaligen Gesellschaft treffen. Dagegen lassen sich gewisse Tendenzen feststellen, die an die jeweiligen gesellschaftlichen Ereignisse und die dazugehörige Medienpräsenz gekoppelt waren.

5.1 Umfragen in der Nachkriegszeit

Stand es wirklich so schlecht um das kollektive Gedächtnis der westdeutschen Nachkriegsgesellschaft? Der Historiker Martin Rothland geht in seinem Aufsatz „Selektive Erinnerung?" auf Meinungsumfragen zum Nationalsozialismus in der frühen Nachkriegszeit ein, von denen hier repräsentativ einige vorgestellt werden sollen.[328] Dabei sei explizit zu erwähnen, dass sie in diesem Maße ausschließlich in Westdeutschland durchgeführt wurden.[329] Rothland führt auf, dass sich kaum die individuelle Erinnerungsleistung rekonstruieren ließe, sich mit den Ergebnissen der Meinungsumfragen, die schon vor der

326 Greve nennt als Beispiel die Schmähbezeichnung „Staatsanwaltschaft Jerusalem, Zweigstelle Ludwigsburg", vgl. Greve: Der justizielle Umgang, S. 57.

327 Vgl. Broszat: Siegerjustiz oder strafrechtliche „Selbstreinigung", S. 542.

328 Vgl. Rothland: Selektive Erinnerung, S. 55.

329 Vgl. Osterloh, Jörg; Vollnhals; Clemens: Einleitung, in: Jörg Osterloh, Clemens Vollnhals (Hgg.): NS-Prozesse und deutsche Öffentlichkeit. Besatzungszeit, frühe Bundesrepublik und DDR, Göttingen 2011, S. 15.

Kapitulation des „Dritten Reiches" in den befreiten Gebieten einsetzten, jedoch Aufschlüsse auf individuelle Perspektiven rekonstruieren ließen. In der Zeit zwischen November 1945 und Dezember 1946 wurden insgesamt elf Umfragen durchgeführt. Im Durchschnitt waren dabei 47 % der Befragten der Meinung, dass „der Nationalsozialismus prinzipiell eine gute Idee war, die lediglich schlecht ausgeführt wurde." Diese Meinung vertraten im August 1947 bereits 55 % der Bevölkerung. Interessant ist ebenfalls, dass im Jahr 1945 70 % die Angeklagten während des Nürnberger Prozesses für schuldig befanden, im August des Jahres 1946 hingehen lediglich 55 %. Wichtig für diese Arbeit sind sicherlich auch folgende Umfragen zur kollektiven Kriegsschuld der Deutschen: Von insgesamt 2983 Befragten wiesen 92 % eine kollektive Kriegsschuld zurück, 51 % antworteten, dass die Deutschen, durch die Unterstützung Hitlers, eine Teilschuld tragen würden.[330] Rothland zeigt auf, dass durch das Auswerten der Umfragen eine „charakteristische Selektivität der Erinnerung" zum Vorschein kommt. Während die Befragten den Krieg und die Außenpolitik eher ablehnen würden, zeigte sich die breite Masse mit der Innenpolitik, unter Ausnahme der „Rassenpolitik", deutlich zufriedener. Aspekte wie moralische oder kollektive Schuld werden hingegen negiert oder um ein Zitat von Hannah Arendt einzubringen: „Wenn alle schuldig sind, dann ist es keiner."[331] Es lässt sich also beobachten, dass das NS-System im zeitgenössischen Kontext nicht als Ganzes hinterfragt wurde, sondern nur Teilausschnitte. Diese Interpretation ist zulässig, da ein hoher Anteil der Befragten den Nationalsozialismus grundsätzlich für eine gute Idee hielt.[332] Kritisiert werden kann diese Frage und deren Aussagekraft

---

330 Vgl. Rothland: Selektive Erinnerung, S. 55–56.

331 Zitat entnommen aus: Waton, Fidelis Regi: Die Provokation des Guten. Arendts philosophische Untersuchung zur Frage nach Schuld und Verantwortung unter der totalitären Herrschaft, Berlin 2016, S. 265.

332 Eine mögliche Ursache für eine solche Tendenz könnte die weitreichende Propaganda des NS-Regimes, beispielsweise hinsichtlich des vermeintlich durch die Nationalsozialisten initiierten Autobahnbaus, sein. Dazu: Rafetseder, Hermann: Autobahnbau – verschiedene Facetten der Zwangsarbeit bei einem speziellen Prestigeprojekt, in: Hermann Rafetseder (Hgg.): NS-Zwangsarbeits-Schicksale.

jedoch unter dem Aspekt, dass unmittelbar nach 1945 bzw. während der Schlussphase des Krieges kaum eine wirkliche Auseinandersetzung mit der NS-Zeit stattgefunden haben könne, so dass die Ergebnisse nur historische Momentaufnahmen darstellen. Rothland stellt heraus, dass die Zeit von 1933 bis 1939 durch geringe Arbeitslosigkeit und vermeintlichen wirtschaftlichen Aufschwung eher positiv in Erinnerung geblieben sei und die Bevölkerung noch keine Zeit für eine intensive Aufarbeitung der Vergangenheit hatte. Weiter, so zitiert er Anja Kruke, seien Fragebögen zur damaligen Zeit auch als „Symbol der Niederlage" gedeutet worden, so dass eine aussagekräftige Umfrage nicht gewährleistet war.[333] Rothland fasst zusammen, dass sich die Deutschen „zwar über die militärische, weniger aber über die politische und viel weniger über die moralische Katastrophe des nationalsozialistischen Regimes, an der sie alle ihren Anteil hatten, im Klaren [waren]."[334] Ob die Jahre 1933 bis 1939 wirklich jene gewesen seien, in denen es Deutschland „am besten gegangen sei"[335] stehe ohne Frage in Anbetracht der Errichtung von Konzentrationslagern, der Zerschlagung von Gewerkschaften und der systematischen Verfolgung von Randgruppen als durchaus gewagte These im Raum.[336] In einer Umfrage des Jahres 1965 sprachen sich insgesamt 52 % für einen Schlussstrich, 38 % hingegen für eine weitere Verfolgung aus.[337] Wie Vollnhals und Osterloh hinweisen, ist dies jedoch nicht zwangsläufig als Rechtfertigung für die Taten oder als Entgegenbringen von Sympathie zu verstehen, sondern

Erkenntnisse zu Erscheinungsformen der Oppression und zum NS-Lagersystem aus der Arbeit des Österreichischen Versöhnungsfonds. Eine Dokumentation im Auftrag des Zukunftsfonds der Republik Österreich, Linz 2014.

333 Vgl. Rothland: Selektive Erinnerung, S. 61.

334 Rothland: Selektive Erinnerung, S. 59.

335 Reichel: Vergangenheitsbewältigung, S. 69.

336 Vgl. Osterloh, Jörg; Vollnhals; Clemens: Einleitung, in: Jörg Osterloh, Clemens Vollnhals (Hgg.): NS-Prozesse und deutsche Öffentlichkeit. Besatzungszeit, frühe Bundesrepublik und DDR, Göttingen 2011, S. 12.

337 Vgl. Umfrage in: Erich Peter Neumann, Elisabeth Noelle (Hgg.): Jahrbuch der öffentlichen Meinung 1965–1967, Allensbach 1967, S. 165.

vielmehr als Ausdruck von sozialpsychologischen Verdrängungs- und Abwehrmechanismen.[338]

5.2 „Die Ermittlung" von Peter Weiss

> „Die Staatsanwaltschaft kennt ihre vorrangige Verpflichtung gegenüber Dichtern und Denkern!"[339]

Das am 19. Oktober 1965 uraufgeführte Theaterstück „Die Ermittlung. Oratorium in 11 Gesängen"[340] von Peter Weiss gilt heute als eines der bekanntesten Theaterinszenierungen innerhalb der später definierten Sparte des Dokumentartheaters.[341] Um die unterschiedlichen Perspektiven auf die NS-Vergangenheit und die Wirkung des Auschwitz-Prozesses darzustellen, soll die umstrittene Inszenierung kurz vorgestellt werden. In diesem Stück, das sowohl in der BRD als auch der DDR aufgeführt wurde, thematisiert Weiss die Frankfurter Auschwitz-Prozesse, denen er selbst als Zuschauer beigewohnt hat.[342] Der Prozess wird dabei zum Ausgangspunkt einer weiterführenden ästhetisch-politischen Reflexion. Das Stück sei, so Weiss, keine Rekonstruktion des Auschwitz-Prozesses, sondern sei als „Konzentrat der Aussage" zu verstehen. Es solle aufzeigen, dass historische Schuld immer auch an gesellschaftliche Bedingungen geknüpft ist und in einer anderen Kon-

338 Vgl. Vollnhals, Clemens: „Über Auschwitz aber wächst kein Gras." Die Verjährungsdebatten im Deutschen Bundestag, in: Jörg Osterloh, Clemens Vollnhals (Hgg.): NS-Prozesse und deutsche Öffentlichkeit. Besatzungszeit, frühe Bundesrepublik und DDR, Göttingen 2011, S. 399.

339 Zitat Fritz Bauers vom 15. Juli 1964 auf die Anfrage des Suhrkamp-Verlegers Siegfried Unseld auf die Bitte, Informationen aus dem Prozessgeschehen als Grundlage für ein Theaterstück benutzen zu dürfen, zitiert nach: Wojak: Fritz Bauer, S. 354.

340 Weiss, Peter: Die Ermittlung. Oratorium in 11 Gesängen, Frankfurt 1965.

341 Zur Geschichte und zu Prinzipien des dokumentarischen Theaters in Deutschland, s. Nikitin, Boris: Vorwort; Der unzuverlässige Zeuge. Zwölf Behauptungen über das Dokumentarische, in: Tobias Brenk, Boris Nikitin, Carena Schlewitt: Dokument, Fälschung, Wirklichkeit. Materialband zum zeitgenössischen Dokumentarischen Theater, S. 7–11; 12–19.

342 Vgl. Steinke: Kriegsverbrecher vor Gericht, S. 305.

stellation auch die Opfer zu Tätern hätten werden können. Während der Inszenierung stehen 18 Angeklagte vor Gericht, die sich durch ihren Text identifizieren lassen. Als Zeugen treten vermehrt ehemalige Lagerhäftlinge auf, die gegen die Angeklagten aussagen. Dabei wechselt Weiss die jeweiligen Passagen von Zeugenaussagen, Anwälten und Richtern so ab, dass dem Zuschauer die Widersprüchlichkeit bewusst wird und dieser quasi „gezwungen wird“, eine eigene Bewertungen der Geschehnisse vorzunehmen. Das Bühnenbild, ein Gerichtssaal, ist bewusst minimalistisch gehalten, um den Fokus auf das Gesagte zu lenken. So wie es für das dokumentarische Theater der 1960er Jahre typisch war, wird sachlich und nüchtern gesprochen. Das Stück löste schon vor der Aufführung heftige Kontoversen aus, die sich unter anderem auch mit der Frage nach der „Darstellbarkeit von Auschwitz” befassten.[343] Fischer und Lorenz betonen, dass die DDR das Stück weitaus positiver aufnahm als die Bürger der BRD.[344] Wurde bereits im Kapitel „Vergangenheitsbewältigung“ von der „ersten Schuld“ und „zweiten Schuld“ gesprochen, so bezieht sich Peter Weiss, durch die Verleugnung vom Geschehenen durch die Angeklagten, ebenfalls auf das Modell von Ralph Giordano.[345]

Das Stück wurde durchaus kritisiert, was vor allem an seiner neuartigen Form liegen könnte.[346] Auf mehreren Veranstaltungen wurde über die Ästhetik der Inszenierungsvorschläge von Weiss diskutiert.[347] Einen Tag nach der Uraufführung gab es eine Podiumsdiskussion, bei

343 Vgl. Wenzel, Mirjam: Gericht und Gedächtnis. Der deutschsprachige Holocaust-Diskurs der sechziger Jahre, Göttingen 2009, S. 302–311.

344 Vgl. Kraus, Dorothea: Peter Weiss: Die Ermittlung, in: Torben Fischer; Matthias Lorenz (Hgg.): Lexikon der „Vergangenheitsbewältigung“ in Deutschland. Debatten- und Diskursgeschichte des Nationalsozialismus nach 1945, Bielefeld 2017, S. 135–137.

345 Vgl. Giordano, Ralph: Die zweite Schuld: Oder von der Last Deutscher zu sein, Köln 1987, S. 12.

346 Für eine Analyse der jeweiligen Rollen „Gericht“ und „Theater“, s. Wenzel, Mirjam: Gericht und Gedächtnis. Der deutschsprachige Holocaust-Diskurs der sechziger Jahre, Göttingen 2009, S. 92–102.

347 Vgl. Weiß, Christoph: Auschwitz in der geteilten Welt: Peter Weiss und die „Ermittlung“ im Kalten Krieg, Band 1, Sankt Ingbert 2000.

denen unter anderem Peter Weiss und Fritz Bauer mitwirkten. Bauer lobte in dieser Diskussion, dass Weiss „das Tribunal zur Szene“ gemacht habe und so erneut eine Form von Öffentlichkeit entstehe. Weiter äußerte er sich zu den Gegensätzen des „Auschwitz-Richters“ und „Auschwitz-Dichters“.[348] An der Debatte um das Stück lässt sich zeigen, wic eine bestimmte Form von öffentlicher Kunst als Möglichkeit diskutiert wird, um über das zu berichten, was sich der Darstellbarkeit entziehe, so der Theaterwissenschaftler Michael Bachmann.[349] Das Stück bekam, unter anderem wegen seiner Überprüfbarkeit, die durch die öffentlich zugänglichen Protokolle gewährleistet war, in den den Jahren 1965 bis 1967 internationalen Zuspruch und wurde ebenfalls in Großbritannien, den Niederlanden, Schweden, Russland und den USA aufgeführt.[350]

348 Vgl. Wagner: Fritz Bauer und das Radio, S. 176.
349 Vgl. Bachmann, Michael: Dokumentartheater/Dokumentardrama, in: Peter Marx (Hgg.): Handbuch Drama. Theorie, Analyse, Geschichte, Stuttgart 2012, S. 308.
350 Vgl. Vogt, Jochen: Peter Weiss, Reinbek 1987, S. 95.

6 Zur Situation nach 1968

Wenige Monate nach Bauers Tod wurde das „Einführungsgesetz zum Gesetz über Ordnungswidrigkeiten“ (EGOWiG) eingeführt, welches aufgrund seiner Tragweite für die Strafverfolgung von NS-Verbrechen kurz vorgestellt werden soll. Dieses Gesetz, von Eduard Dreher wohl primär zur Strafvereitelung von NS-Verbrechen entworfen, sorgte dafür, dass eine hohe Anzahl von Verbrechen nicht mehr geahndet werden konnte, da diese vorzeitig verjährten.[351] Das Phänomen der verfrühten Verjährung wurde daher auch als „kalte Amnestie“ bezeichnet.[352]

Die Strafe für den Tatbestand der Beihilfe zum Mord wurde mit der Einführung des EGOWiG gesenkt und war von einer lebenslangen Freiheitsstrafe auf einen angedrohten Freiheitsentzug von maximal 15 Jahren herabgesetzt worden, insofern keine „besonderen persönlichen Merkmale“ bei der Tat vorlägen. Da, wie bereits dargestellt, Straftaten mit einer Höchststrafe von 15 Jahren, also auch Totschlag, im Jahr 1960 verjährten, wurden diese Personen de facto nachträglich durch das Gesetz amnestiert: „Staatsanwälte und Richter [brauchten fortan] nur noch zu prüfen, ob sich die Taten der Beschuldigten unter die Bestimmungen des § 50 II subsumieren ließen. Wurde die Verjährung bis zum 8. Mai 1960 nicht unterbrochen und handelte der Angeklagte darüber hinaus selbst nicht aus niedrigen Beweggründen, war das Verfahren einzustellen.“[353] Um jene Personen zu bestrafen musste

351 Zur kritischen Betrachtung der Biographie Drehers, s. Görtemaker; Safferling: Die Akte Rosenburg, S. 330–336.

352 Vgl. Jasch; Kaiser: Der Holocaust vor deutschen Gerichten, S. 160–161.

353 Greve, Michael: Amnestierung von NS-Gehilfen – eine Panne? Die Novellierung des § 50 Abs. 2 StGB und dessen Auswirkungen auf die NS-Strafverfolgung, in: Sonja Buckel, Isabel Feichtner, Adreas Fischer-Lescano, Felix Hanschmann, Tanja

das Gericht nun vorsätzlichen Mord nachweisen. In der juristischen und historischen Forschung ist disputabel, ob ein solches Vorgehen, welches laufende Ermittlungs- und Strafverfahren gegen vermeintliche NS-Verbrecher verhinderte, vom Bundesjustizminister Gustav Heinemann in dieser Form beabsichtigt war.[354] Die Tendenz spricht dagegen, vor allem da Dreher durch seine eigene NS-Vergangenheit und durch Diskreditierungskampagnen gegen ihn ein großes Motiv hatte, die „Kalt- bzw. Selbstamnestierung" zu versuchen.[355] Die Einführung des EGOWiG und besonders die anschließende Anwendung durch den BGH[356], kann also durchaus als herber Rückschlag für die Verfolgung von NS-Verbrechen in der BRD gewertet werden und beweist die Heimtücke oder Leichtgläubigkeit, mit der Politik gemacht wurde.[357]

Hitzel-Cassagnes, Eva Kocher, Nora Markard, Dana Schmalz, Maria Wersig, Tim Wihl, Ingeborg Zerbes (Hgg.): Kritische Justiz 33, Heft 3, Baden-Baden 2000, S. 422.

354 Vgl. Greve, Michael: Amnestierung von NS-Gehilfen – eine Panne? Die Novellierung des § 50 Abs. 2 StGB und dessen Auswirkungen auf die NS-Strafverfolgung, in: Sonja Buckel, Isabel Feichtner, Adreas Fischer-Lescano, Felix Hanschmann, Tanja Hitzel-Cassagnes, Eva Kocher, Nora Markard, Dana Schmalz, Maria Wersig, Tim Wihl, Ingeborg Zerbes (Hgg.): Kritische Justiz 33, Heft 3, Baden-Baden 2000, S. 412–424. Zur Sozialdemokratischen Justizpolitik nach 1966, s. Görtemaker; Safferling: Die Akte Rosenburg, S. 254–257.

355 Zum Motiv Drehers und der These einer absichtlichen Verjährung, s. Görtemaker; Safferling: Die Akte Rosenburg, S. 416–421.

356 Der Rechtswissenschaftler Wilfried Küper sieht in der Bestätigung und Anwendung des Urteils durch den BGH im Mai 1969 den wahren Skandal, s. Küper, Wilfried: Erinnerungsarbeit. Das Urteil des BGH vom 20. Mai 1969 zur Verjährung der NS-Mordbeihilfe – ein Fehlurteil? In: Eric Hilgendorf (Hgg.): Juristen Zeitung 72, Heft 5, Tübingen 2017, S. 229–231.

357 Dass von Heimtücke oder Leichtgläubigkeit gesprochen wird begründet sich auf der Tatsache, dass der Rechtsausschuss des Bundestages Gelegenheit zur Umformulierung der Texte gehabt hätte, diese Option jedoch nicht nutzte. Da im Bundestag jedoch auch ehemalige Verfolgte des NS-Regimes saßen, kann davon ausgegangen werden, dass diese bei genauer Kenntnis über die Auswirkungen des EGOWiG protestiert hätten, siehe dazu: Glienke, Stephan Alexander: Die De-facto Amnestie von Schreibtischtätern, in: Joachim Perels, Wolfram Wette (Hgg.): Mit reinem Gewissen. Wehrmachtrichter in der Bundesrepublik und ihre Opfer, Berlin 2011, S. 274–275.

Auch die internationalen Beziehungen, besonders zu Israel, wurden von jenen Entscheidungen beeinflusst.[358]

Ein Jahr nach Bauers Tod wurde der ehemalige Widerstandskämpfer und Mitstreiter Bauers, Willy Brandt, zum Bundeskanzler gewählt und erklärte bei Amtsantritt: „Ich werde nicht der Kanzler eines besiegten Deutschlands, sondern eines befreiten Deutschlands sein."[359] Dies bot erneut Raum, um besonders seitens der CDU/CSU über die Frage zu diskutieren, ob man die Kapitulation von 1945 feiern dürfe. Der Wunsch nach der Aufarbeitung einer „unbewältigten Vergangenheit" speiste auch die Protestbewegungen der späten 1960er Jahre, wie Frei betont.[360] Die beteiligten Personen waren ohne eine persönliche Belastung aufgewachsen und konnten sich so unbefangener mit der NS-Vergangenheit beschäftigen.[361] Es galt also einen generationenübergreifenden Verständigungsprozess anzuregen. In der BRD ist seit den 1980er Jahren zeitgeschichtliche Forschung zum Nationalsozialismus sowie die Holocaust-Forschung mit hoher Intensität betrieben worden.[362] Dies könne auch an der 1979 ausgestrahlten US-amerikanischen Fernsehserie „Holocaust" gelegen haben, die in der BRD eine enorm hohe Zuschauerzahl verzeichnete und, so der Historiker Frank Bösch, dazu beigetragen haben könnte, dass die Verjährung für Mord vollends aufgehoben wurde.[363] Der Soziologe Moshe Zuckermann sieht in der Serie sowohl die Gefahr einer primitiven Darstellung, stellt

358 Vgl. Görtemaker; Safferling: Die Akte Rosenburg, S. 416.

359 Zitiert nach: Stüwe, Klaus: Die Rede des Kanzlers. Regierungserklärungen von Adenauer bis Schröder, Wiesbaden 2015, S. 299.

360 Frei: Wann wird ein Held zum Helden, S. 278.

361 Vgl. Osterloh, Jörg; Vollnhals; Clemens: Einleitung, in: Jörg Osterloh, Clemens Vollnhals (Hgg.): NS-Prozesse und deutsche Öffentlichkeit. Besatzungszeit, frühe Bundesrepublik und DDR, Göttingen 2011, S. 14.

362 Vgl. Kramer, Helgard: Die Gegenwart der NS-Vergangenheit, Wien 2000, S. 12.

363 Vgl. Bösch, Frank: Film, NS-Vergangenheit und Geschichtswissenschaft, in: Helmut Altrichter, Margit Szöllösi-Janze, Horst Möller, Andreas Wirsching (Hgg.): Vierteljahreshefte für Zeitgeschichte 55, Heft 1, München 2007, S. 2. Zu weiterführenden Meinungsumfragen, s. Elisabeth Novelle-Neumann, Edgar Piel (Hgg.): Allensbacher Jahrbuch der Demoskopie 1978–1983, München 1983, besonders S. 191–195.

aber ebenfalls ihre dadurch entstandene Publikumswirksamkeit heraus, die das Kollektivgedächtnis erreichen würde.[364] Frei sieht in dem von der Serie ausgelösten „Holocaust-Schock" ebenfalls die Geburtsstunde der deutschen „Täterforschung".[365] Der neunstündige Dokumentarfilm „Shoah" von Claude Lanzmann aus dem Jahr 1985, in denen primär Zeitzeugen zu Wort kommen, kann heute ebenfalls als Meilenstein der medialen Aufarbeitung der NS-Vergangenheit gewertet werden, wenngleich dieser beim deutschen Erstausstrahlungstermin bewusst an einer unvorteilhaften Sendezeit platziert wurde.[366] In den Jahren 1989 und 1990 drängte sich nicht nur die Frage auf, inwiefern sich die „Bewältigung" des Nationalsozialismus innerhalb der DDR von der Strategie der BRD unterschied, sondern auch, ob die Erfahrungen mit der Aufarbeitung der NS-Verbrechen bei der justiziellen Aufarbeitung des DDR-Unrechts helfen konnten.[367] In den 1990er Jahren setzte sich Deutschland für die Konstituierung des 1993 eröffneten „Internationalen Strafgerichtshof für das ehemalige Jugoslawien" in Den Haag ein, aus dem der gegenwärtige Internationale Strafgerichtshof hervorging.[368] Ob dies nun als Lehre aus dem eigenen Versäumnissen oder als geschaffenes Instrument für außenpolitischen Einfluss steht bleibt fraglich.

> „Und auch wenn alle Opfer und Täter verstorben sein werden, alle Prozesse geführt und keine Forderungen mehr gestellt werden, bleiben

364 Ausführlich zu verschiedenen Arten des Erinnerns und zur Gedenkkultur, s. Zuckermann, Moshe: Erinnern und Gedenken als kollektive Strategie, in: Linda Erker, Klaus Kienesberger, Erich Vogl, Fritz Hausjell (Hgg.): Gedächtnis-Verlust? Geschichtsvermittlung und -didaktik in der Mediengesellschaft, Köln 2013, S. 26–40.

365 Vgl. Frei: Wann wird ein Held zum Helden, S. 274–279.

366 Vgl. Janssen, Ute: Shoah, in: Torben Fischer; Matthias Lorenz (Hgg.): Lexikon der „Vergangenheitsbewältigung" in Deutschland. Debatten- und Diskursgeschichte des Nationalsozialismus nach 1945, Bielefeld 2017, S. 244–246.

367 Vgl. Frei, Norbert: 1945 und Wir. Das Dritte Reich im Bewusstsein der Deutschen, München 2005, S. 65–66.

368 Vgl. Jäger, Friedrich: Das Internationale Tribunal über Kriegsverbrechen im ehemaligen Jugoslawien. Anspruch und Wirklichkeit, Münster 2005, S. 111.

> die zwölf Jahre Geschichte wirkmächtig, individuell und gesellschaftspolitisch."[369]

Eine weitere „Schlussstrich-Debatte" kam auf, als Martin Walser im Jahr 1998 eine Rede anlässlich der Entgegennahme des Friedenspreises des deutschen Buchhandels hielt. In dieser forderte er, dass er die so genannte „Auschwitz-Keule" nicht mehr geschwungen sehen möchte. Das Publikum reagierte überwiegend mit stehendem Beifall, wie Karola Brede zusammenfasst.[370]

369 Helgard Kramer: Die Gegenwart der NS-Vergangenheit, Wien 2000, S. 15.

370 Vgl. Brede, Karola: Die Walser-Bubis-Debatte. Aggression als Element öffentlicher Auseinandersetzung, in: Psyche, Heft 3, Stuttgart 2000, S. 203–233. Walser setzte sich besonders Mitte der 1960er Jahre vermehrt mit Auschwitz auseinander, s. Walser, Martin: Unser Auschwitz, Auseinandersetzung mit der deutschen Schuld, 1. Auflage 1965, Hamburg 2015. Im Jahr 1965 argumentiert er im Sinne Bauers, s. Steinke: Fritz Bauer oder Auschwitz vor Gericht, S. 208. Außerdem: Braese, Stephan: „In einer deutschen Angelegenheit" – Der Frankfurter Auschwitz-Prozess in der westdeutschen Nachkriegsliteratur, in: Irmtrud Wojak (Hgg.): „Gerichtstag halten über uns selbst..." Geschichte und Wirkung des ersten Frankfurter Auschwitz-Prozesses, S. 217–244.

7 Ein Blick auf die junge Vergangenheit

7.1 Der Demjanjuk-Prozess 2009–2011

Im Jahr 2009 begann das Verfahren gegen den ehemaligen KL-Wächter John Demjanjuk. Dieser wurde wegen der Beihilfe zum Mord in 27.900 Fällen beschuldigt.[371] Der Prozess bzw. das Urteil kann posthum als Meilenstein Bauers gesehen werden, da das Gericht zum ersten Mal Bauers Rechtsansicht folgte und Demjanjuk zur Beihilfe des Mordes verurteilte, da dieser ein „Teil" des Vernichtungssystems war. Er wurde also ohne konkreten Tatnachweis verurteilt und somit ein Präzedenzfall geschaffen.[372] Genau heißt es: „Jede Tätigkeit des Angeklagten wie die Tätigkeit aller übrigen Wachleute im Lager, [...] stellen eine Förderung des Hauptzwecks des Vernichtungslagers [dar]."[373] Vor Prozessbeginn war der Fall Demjanjuk bereits hitzig diskutiert worden, vor allem betreffend der Biographie des Angeklagten.[374] Begrüßten auf der einen Seite Überlebende des KL Sobibor und der Zentralrat der Juden den Prozess, so äußerten sich Juristen kritisch über die Anklageerhebung mit dem Verweis auf die Urteilsfindungen der vergangenen Jahrzehnte. Demjanjuk konnte keine individuelle Tat zugeschrieben werden. Dennoch wurde er am 12. Mai 2011 zu fünf Jahren Freiheitsstrafe verurteilt. Das Urteil wurde jedoch nicht rechtskräftig,

---

371 Vgl. Schrimm, Kurt: Schuld, die nicht vergeht. Den letzten NS-Verbrechern auf der Spur, München 2017, S. 42.

372 Vgl. Volk, Rainer: Das letzte Urteil: Die Medien und der Demjanjuk-Prozess, München 2016, S. 111–114.

373 LG München II, 12.05.2011 – 1 KS 115 Js 12496/08, S. 198.

374 Eine kritische Betrachtung zu der medialen Aufarbeitung um den Fall, s. Volk, Rainer: Das letzte Urteil: Die Medien und der Demjanjuk-Prozess, München 2016, S. 121–133.

da Demjanjuk vor seiner eingelegten Revision verstarb.[375] Aufgrund des deutschen Strafrechts kann eine Rechtmäßigkeit des Urteils nach dem Eintreten des Todes nicht festgestellt werden, da ein so genanntes „Verfahrenshindernis" vorliegt.[376] Fraglich ist, ob das Urteil gefällt wurde, um die Diskussion, die Bauer bereits in den 1960er Jahren angefacht hatte, wieder aufleben zu lassen und ob ein solches Urteil überhaupt erst so spät gefällt werden konnte, da der Widerstand aus der Kriegsgeneration bzw. der bereits genannten „Kriegsverbrecherlobby"[377] als gering einzustufen war. Ist die korrigierte Rechtspraxis also eine späte „Einsicht" der „jahrzehntelang praktizierten falschen Rechtsprechung"?[378] Im Anschluss des Prozesses wurden weitere Ermittlungsverfahren eingeleitet, die zu folgenden Prozessen führten, unter anderem auch gegen Personen, die innerhalb des Lagers in Auschwitz tätig gewesen waren.[379]

7.2 Mediensituation

Heute haben wir Zugang zu mehr Wissen als die Gesellschaft in den 1960er Jahren. Unzählige Historiker auf der ganzen Welt haben sich mit den unterschiedlichsten Themen bezüglich der Kriegs- und Nachkriegsgeschichte in Deutschland auseinandergesetzt. Wir setzen uns überdies auch im nicht-wissenschaftlichen Kontext, beispielsweise in der schulischen Bildung, intensiv mit der Zeit des Nationalsozialismus auseinander oder werden während unseres Alltags in der Öffentlichkeit mit Projekten konfrontiert, die an die Opfer des NS-Regimes erin-

375 Vgl. Keldungs, Karl-Heinz: NS-Prozesse 1945–2015. Eine Bilanz aus juristischer Sicht, Düsseldorf 2019, S. 404.

376 Vgl. Beschluss des BGH vom 8. Juni 1999, 4 StR 595/97.

377 Zur Begriff der „Kriegsverbrecherlobby", s. Bohr: Die Kriegsverbrecherlobby, S. 24.

378 Fahl, Christian: Beihilfe zum staatlich organisierten Massenmord. Anmerkung zu BGH, Beschluss vom 20.09.2016 – 3 StR 49/16 = HRRS 2016 Nr. 1123, in: Gerhard Strate (Hgg.): Höchstrichterliche Rechtsprechung zum Strafrecht 18, Heft 4, Hamburg 2017, S. 167.

379 Vgl. Görtemaker; Safferling: Die Akte Rosenburg, S. 244.

nern, wie beispielsweise dem bereits erwähnten „Stolperstein"-Projekt. Aber trotz unseres erweiterten Wissensstandes heißt dies nicht, dass die Strafverfolgung abgeschlossen ist. Noch immer gibt es regelmäßige Berichte über Zeitzeugen und Akteure der Nürnberger Prozesse. Als aktuelles Beispiel dient ein Interview mit Benjamin Ferencz, Chefankläger bei den Prozessen, der im April 2020 100 Jahre alt geworden ist.[380] Und noch immer werden, angestoßen durch den Demjanjuk-Prozess in München, Verfahren gegen ehemalige SS-Mitglieder und KL-Wachmänner geführt.[381] Folgt man der Position von Hans Laternser, sollten jene Prozesse solange geführt werden, als nach den Gesetzen nicht verjährte Straftaten vorliegen, um die Rechtsstaatlichkeit zu sichern.[382] Verfahren wie gegen Oskar Gröning[383] oder Reinhold Hanning[384] erreichten in den 2010er Jahren eine hohe mediale Reichweite und sind bis heute auf vielen Ebenen kontrovers.[385] Es werden Paralle-

380 Vgl. Interview mit Benjamin Ferencz im SPIEGEL: https://www.spiegel.de/geschichte/nuernberger-prozesse-der-letzte-chefanklaeger-erinnert-sich-a-7923c477-7d2d-40cd-b6b0-3b5f1fa6f086 (zuletzt aufgerufen am 15.01.2021).

381 Vgl. Jasch; Kaiser: Der Holocaust vor deutschen Gerichten, S. 189.

382 Eine Position, die bereits 1966 von Hans Laternser, dem Strafverteidiger von fünf SS-Männern im im Auschwitz-Prozess 1963–1965, vertreten wurde, s. Laternser, Hans: Die andere Seite im Auschwitz-Prozeß 1963/65. Reden eines Verteidigers, Stuttgart 1966, S. 125. Laternser wurde von Bauer oftmals für sein Auftreten im Auschwitz-Prozess kritisiert, s. Dirks, Christian: Selekteure als Lebensretter. Die Verteidigungsstrategie des Rechtsanwalts Dr. Hans Laternser, in: Irmtrud Wojak (Hgg.): „Gerichtstag halten über uns selbst…" Geschichte und Wirkung des ersten Frankfurter Auschwitz-Prozesses, S. 186.

383 Urteil des LG Lüneburg vom 15.07.2015: 27 Ks 1191 Js 98402/13 (9/14).

384 Urteil des LG Detmold vom 17.06.2016: 4 Ks 45 Js 3/13–9/15.

385 Vgl. Keldungs, Karl-Heinz: NS-Prozesse 1945–2015. Eine Bilanz aus juristischer Sicht, Düsseldorf 2019, S. 405–406. Zum Verfahren gegen Oskar Gröning, s. Nestler, Cornelius: Warum erst jetzt? Ein Versuch zu erklären, warum es nach dem großen Frankfurter Auschwitzprozess ein halbes Jahrhundert gedauert hat, bis Oskar Gröning verurteilt wurde, in: Frank Lüttig, Jens Lehmann (Hgg.): Die letzten NS-Verfahren. Genugtuung für Opfer und Angehörige – Schwierigkeiten und Versäumnisse der Strafverfolgung, Baden-Baden 2017, S. 41–68. Zur Frage der Legitimität, s. Nestler, Cornelius: Sind die heute noch möglichen Strafverfahren wegen NS-Verbrechen legitim? In: Michael Baurmann, Klaus Günther, Cornelius Prittwitz, Matthias Jahn, Lothar Kuhlen, Reinhard Merkel, Cornelius Nestler, Lorenz Schulz (Hgg.): Rationalität und Empathie. Kriminalwissenschaftliches Symposium für Klaus Lüderssen zum 80. Geburtstag, Baden-Baden, S. 182–196.

len in Bezug auf vorherige Verfahren sichtbar, wie beispielsweise die nicht sichtbare Reue der Verurteilten. So hat der Rechtsanwalt der Nebenklage gegen Gröning, Thomas Walther, gesagt, dass „der Angeklagte Oskar Gröning in der Vergangenheit schon so viel gesagt, aber keine Verantwortung übernommen hat."[386] Als jüngstes Beispiel für andauernde Verfolgung könnte der Prozess gegen „Bruno D." gelten. Der 93 Jahre alte Mann wurde wegen Beihilfe zum Mord in 5320 Fällen zu zwei Jahren Haft auf Bewährung verurteilt. Er wurde schuldig gesprochen als 17 Jähriger an den Morden im KL Stutthof beteiligt gewesen zu sein.[387] Dabei stellt sich auch immer wieder die Frage, warum Prozesse gegen Menschen in diesen Lebensaltern geführt werden und ob diese noch sinnvoll sind. Solche Prozesse können zeigen, dass noch immer aktiv gegen das Schweigen vorgegangen wird und dass die deutsche Justiz die Schuldfähigkeit der Angeklagten feststellen kann. So kommt die Judikative der Verpflichtung nach, die der Staat gegenüber den Opfern von nationalsozialistischen Verbrechen und deren Nachkommen hat. Und selbst wenn die angeklagten Personen keine so genannten „Eliten" des NS-Regimes waren, so zeigt sich, dass auch „normale" Bürger ein Teil des von Bauer genannten „Ganzen" werden konnten. Unter moralischen und ethischen Gesichtspunkten kann jedoch durchaus diskutiert werden, inwiefern eine etwaige Verurteilung die Verbrechen sühnt, die vor 70 Jahren begangen wurden und die mehrheitlich ungesühnt blieben.

386 Zitiert nach: Fürst, Michael: Stimmungsberichte aus den Gemeinden – positive und negative Reaktionen auf die späten NSG-Prozesse, in: Frank Lüttig, Jens Lehmann (Hgg.): Die letzten NS-Verfahren. Genugtuung für Opfer und Angehörige – Schwierigkeiten und Versäumnisse der Strafverfolgung, Baden-Baden 2017, S. 224.

387 Vgl. Artikel vom 23. Juli 2020 aus der Süddeutschen Zeitung: https://www.sueddeutsche.de/politik/stutthof-prozess-ein-kluges-urteil-gegen-bruno-d-1.4976467 (zuletzt aufgerufen am 15.01.2021).

7.3 Umfragen heute

Auch heute finden sich noch verzerrte Perspektiven der Gesellschaft auf die Zeit des Nationalsozialismus, wie die vom Institut für interdisziplinäre Konflikt- und Gewaltforschung durchgeführte Studie „MEMO Deutschland – Multidimensionaler Erinnerungsmonitor“ der Universität Bielefeld zeigt.[388] In Bezug auf die Fragestellung dieser Arbeit ist besonders interessant, dass die Befragten schätzten, dass nur ca. 40 % der deutschen Bevölkerung von der systematischen Vernichtung von Menschen wusste.[389] Daran anschließend stellt sich die Frage: „Würden Sie sagen, dass diejenigen, die von den Morden wussten, aber nichts dagegen unternommen haben, mit schuldig an dem Verbrechen des Nationalsozialismus waren?“ Die Befragten zeigten sich uneindeutig, so lehnten 28,9 % diese Aussage ab, 31,6 % hingegen waren der Ansicht, dass das Nichthandeln derjenigen, die von den NS-Verbrechen wussten, zu einer Schuld führe. Die Studie stellt heraus, dass sich die Antworten der jüngeren und älteren Befragten nicht systematisch in der Bewertung unterscheiden.[390] Bei der Frage, ob es Zeit für einen „Schlussstrich“ sei, stimmten 27,1 % dafür und 51,7 % dagegen.[391] Die Autoren begründen dies mit dem zunehmenden zeitlichen Abstand zur NS-Zeit.[392] Ebenfalls zeigt sich, dass 59,5 % der Befragten glaubten, dass die Menschen heute zu ähnlichen Taten wie denen in der Zeit des Nationalsozialismus fähig wären, was besonders den Aspekt des Erinnerns und des Mahnens betont.[393] 63,3 % der Befragten hatten das Gefühl, dass Diskriminierungen und Ausgrenzungen wieder zunehmen würden.[394] Weiter stimmten ca. 50 % der Befragten ab, dass sie

388 Vgl. dazu auch die ausführlichen Erläuterungen zur Stichprobe in: Institut für interdisziplinäre Konflikt- und Gewaltforschung: MEMO. Multidimensionaler Erinnerungsmonitor, Studie 3, Bielefeld 2020. Folgend zitiert als: MEMO.

389 Vgl. MEMO, S. 18.

390 Vgl. MEMO, S. 19.

391 Vgl. MEMO, S. 41.

392 Vgl. MEMO, S. 29.

393 Vgl. MEMO, S. 20.

394 Vgl. MEMO, S. 21.

sich darüber sorgten, dass die Erinnerungen an die Zeit des Nationalsozialismus verschwinden könnten.[395] Insgesamt zeigt die Studie, dass innerhalb von Familien eher Berichte über Opfer- und Helferschaft statt über Täterschaft weitergegeben wurden, was demgegenüber die Frage aufwirft, inwieweit neben einem Erinnern an die NS-Zeit auch ein kritisches Auseinandersetzen mit eben jener gewährleistet ist.

Eine Studie der Gesellschaft für Politikforschung und Politikberatung aus dem Jahr 2020 beschäftigte sich ebenfalls mit der Haltung der Deutschen zum Nationalsozialismus und kommt zu leicht veränderten Ergebnissen, besonders bei der „Schlussstrich-Frage".[396] Bei der Aussage „75 Jahre nach dem Ende des Zweiten Weltkrieges sollten wir Deutsche einen Schlussstrich unter die Vergangenheit des Nationalsozialismus ziehen" stimmten 53 % zu, und 47 % lehnten die Aussage ab. Eine Option zur Enthaltung oder ein „teils teils"-Feld gab es bei dieser Studie nicht. Bei der Aussage „Die Deutschen tragen nicht mehr Verantwortung für den Nationalsozialismus, für Diktatur, für Kriege und Verbrechen als andere Länder auch" stimmten 58 % dafür und 42 % lehnten die Aussage ab.[397] Anhand dieser Fragen zeigen sich auch wesentliche Unterschiede zwischen den unterschiedlichen Parteipräferenzen. Stimmten insgesamt 80 % der Personen, welche die Partei „Alternative für Deutschland" präferierten, für das „Ziehen eines Schlussstrichs", sind es bei der Personengruppe, die die Partei „Die Linke" präferierte 31 %. Diejenigen, die die CDU präferierten, stimmten der Frage nach dem „Ziehen eines Schlussstrichs" zu 55 % zu.[398] Insgesamt gingen 68 % davon aus, dass Deutschland seine Vergangenheit sehr gut aufgearbeitet hat[399], 77 % sehen eine Auseinandersetzung

---

395 Vgl. MEMO, S. 14.

396 Gesellschaft für Politikforschung und Politikberatung: Die Haltung der Deutschen zum Nationalsozialismus. Ergebnisse einer repräsentativen Erhebung, Berlin 2020. Folgend zitiert als: Gesellschaft für Politikforschung: Die Haltung der Deutschen.

397 Vgl. Gesellschaft für Politikforschung: Die Haltung der Deutschen, S. 17.

398 Vgl. Gesellschaft für Politikforschung: Die Haltung der Deutschen, S. 18.

399 Vgl. Gesellschaft für Politikforschung: Die Haltung der Deutschen, S. 20.

mit der Geschichte des Nationalsozialismus angesichts jüngster Entwicklungen jedoch als wichtig an.[400] Der Aussage „soweit noch nicht geschehen, sollten die noch lebenden NS-Täter vor Gericht gestellt werden", stimmten insgesamt 76 % zu.[401]

Aus den Ergebnissen kann also eine Tendenz hinsichtlich des Gedenkens und einer weiteren Verfolgung herausgelesen werden. Es lässt sich beobachten, dies stellt auch die Leipziger Autoritarismusstudie heraus, dass die Tendenz zum „Schlussstrichziehen" in den neuen Bundesländern höher liegt als in den alten.[402] Der Wunsch nach einem „Schlussstrich" ist bei den Personen unter 60 Jahren deutlich weniger verbreitet, was ein gutes Zeichen für die politische Bildungsarbeit der Zukunft sein könne, so die Autoren.[403]

7.4 Heutige Rezeption Fritz Bauers

Fritz Bauer ist eine Persönlichkeit, die in den vergangenen Jahrzehnten wohl nur für Zeitgenossen oder historisch interessierte Juristen ein Begriff war. Trotz Bauers zentraler Rolle in der Anfangszeit der BRD, wurde er nach seinem Ableben kaum gewürdigt.[404] Bei der Trauerrede nach dem Tod Bauers stellte der Jurist Robert Kempner die Frage: „Haben wir uns eigentlich genug um Fritz Bauer gekümmert"?[405] Um eine Betrachtung aus der heutigen Perspektive vorzunehmen, muss zuerst eruiert werden, was von Fritz Bauers Schaffen bleibt, in welchem Kontext seine Person erwähnt wird und welche Personen oder

400 Vgl. Gesellschaft für Politikforschung: Die Haltung der Deutschen, S. 21.
401 Vgl. Gesellschaft für Politikforschung: Die Haltung der Deutschen, S. 33.
402 Vgl. Leipziger Autoritarismus Studie 2020, in: Elmar Brähler, Oliver Decker (Hgg.): Autoritäre Dynamiken. Neue Radikalität – alte Ressentiments, Gießen 2020, S. 226.
403 Vgl. Leipziger Autoritarismus Studie 2020, in: Elmar Brähler, Oliver Decker (Hgg.): Autoritäre Dynamiken. Neue Radikalität – alte Ressentiments, Gießen 2020, S. 244.
404 Vgl. Wojak: Fritz Bauer, S. 11–13.
405 Vgl. Wojak: Fritz Bauer, S. 30.

Institutionen sich stellvertretend für Bauers Schaffen in die Öffentlichkeit begeben. Letztere Aufgabe übernimmt in großen Teilen das seit 1995 bestehende Fritz Bauer Institut, welches bislang fast 60 Bände in unterschiedlichen Schriftenreihen publiziert hat, ein Archiv und eine Bibliothek beheimatet. Das Institut hat sich dem Zweck verschrieben, „die Erinnerung an Leben, Werk und Wirken, Bauers zu erhalten.[406] Bis ins Jahr 1995 dürfte der Name Fritz Bauer den meisten Menschen jedoch kaum etwas gesagt haben.[407] Nach Gründung des Instituts wuchs die wissenschaftliche Landschaft um Monographien zu Bauer stark an.[408] Im Jahr 2003, zum 100. Geburtstag Bauers, meldeten sich sowohl Befürworter Bauers und solche, die Bauers strafrechtliches Handeln kritisch betrachteten, wie Renz darstellt.[409] Die wohl größte Bekanntheit erlangte Fritz Bauer posthum etwa ab den 2010er Jahren sowohl durch Biographien, wie die von Steinke[410] oder Wojak[411],

406 Vgl. Satzung des Fördervereins Fritz Bauer Institut e.V. § 3 Abs. 3.

407 Als Beleg dient die Recherche von Boris Burghardt, welcher herausstellt, dass Bauers Person in zwei zentralen Werken nicht erwähnt wird. Als Beispiel nennt er das biographische Nachschlagewerk „Deutsche und Europäische Juristen aus neun Jahrhunderten“ von Kleinheyer und Schröder sowie das biographische Lexikon „Juristen“ von Michael Stolleis, s. Burghardt, Boris: Wiederentdeckung, Verklärung und Vereinnahmung – Bemerkungen zum Umgang mit Fritz Bauer, in: Andreas Bergmann, Stephan Stübinger, Thomas Vormbaum (Hgg.): Journal der Juristischen Zeitgeschichte, Heft 1, Berlin 2017, S. 15. Folgend zitiert als: Burghardt: Wiederentdeckung.

408 Zu nennen sind die Werke „NS-Euthanasie vor Gericht. Fritz Bauer und die Grenzen juristischer Bewältigung“ von 1996 sowie die Publikation von ausgewählten Schriften Bauers aus dem Jahr 1998, welche von Joachim Perels und Irmtrud Wojak unter dem Titel „Die Humanität der Rechtsordnung“ publiziert wurden. 2001 folgte eine weitere Monographie von Matthias Meusch, 2006 eine Studie von Christina Fröhlich, die sich mit Bauers Gedanken in Bezug zum Widerstandsrecht befasste.

409 Vgl. Renz: Der erste Frankfurter Auschwitz-Prozess, S. 349.

410 Steinke, Ronen: Fritz Bauer oder Auschwitz vor Gericht, Erstveröffentlichung München 2013

411 Wojak, Irmtrud: Fritz Bauer (1903–1968). Eine Biographie, Erstveröffentlichung München 2009.

Spielfilme[412], Dokumentationen[413] sowie durch verschiedene Ausstellungen und Neuauflagen seiner Texte[414]. Man könne also auch von einem „Fritz Bauer-Kult" sprechen, in welchem Bauer scheinbar plötzlich zu einer Person der „Public History" wird. Die Spielfilme unterscheiden sich dabei in ihrer Machart stark voneinander. Im Ende 2014 erschienenen „Im Labyrinth des Schweigens" wird eine die auf historischen Fakten basierende Geschichte um den Auschwitz-Prozess fiktiv wiedergegeben. Dabei soll, laut den für den zum Film veröffentlichten Unterrichtsmaterialien, eine „spannende Heldenreise" statt einer „brav bebilderten Geschichtsstunde" gezeigt werden.[415] Bauer tritt in dem Film nur am Rand auf, der Hauptprotagonist ist ein junger, fiktiver Staatsanwalt. Tatsächlich hat Bauer in dem Verfahren eher gelenkt statt während des Prozesses selbst öffentlich aufzutreten, weshalb diese Art der Erzählung teils korrekt ist. Dass im Film jedoch der junge Staatsanwalt die treibende Kraft um den Auschwitz-Prozess ist, wird Bauers Rolle nicht gerecht und man könne die These aufstellen, dass Bauers Lebenswerk im Film bewusst übergangen wurde, selbst wenn es primär um den Prozess und die Darstellung der Gesellschaft der 1960er Jahren gehen würde. Die veröffentlichten Unterrichtsmaterialien betonen zwar Bauers zentrale Rolle, im Film wird diese jedoch nicht ersichtlich.[416] Dagegen steht der Dokumentarfilm „Fritz Bauer – Generalstaatsanwalt. Nazijäger", der den Zwiespalt Bauers thematisiert und die Frage aufwirft, ob man in Bauer nun einen Helden oder einen

412 Riciarelli, Giulio: Im Labyrinth des Schweigens 2014; Kraume, Lars: Der Staat gegen Fritz Bauer 2015; Wagner, Stephan: Die Akte General 2016.

413 Ziok, Ilona: Fritz Bauer – Tod auf Raten, 2010; Hartl, Peter; Klamt, Andrzej: Mörder unter uns – Fritz Bauers Kampf 2013; Bernstein, Catherine: Fritz Bauer – Generalstaatsanwalt. Nazi-Jäger 2019.

414 Beispielsweise das 1960 erschienene Werk: Bauer, Fritz: Die Wurzel faschistischen und nationalsozialistischen Handelns, Hamburg 2016.

415 Vgl. Stiftung Lesen: Im Labyrinth des Schweigens. Ideen für den Unterricht in Klasse 9–12, Mainz 2014. https://www.stiftunglesen.de/imlabyrinthdesschweigens (zuletzt aufgerufen am 15.01.2021), S. 3.

416 Vgl. Stiftung Lesen: Im Labyrinth des Schweigens. Ideen für den Unterricht in Klasse 9–12, Mainz 2014. https://www.stiftunglesen.de/imlabyrinthdesschweigens (zuletzt aufgerufen am 15.01.2021), S. 10.

Gescheiterten erkennt. Der Spielfilm „Der Staat gegen Fritz Bauer" wird von Wojak scharf kritisiert. Sie unterstellt den Autoren, Bauer im Film zu einer Karikatur seiner selbst zu machen und vor allem die „Nazijagd" und Homosexualität zu betonen: „Die Sex and Nazi-Crime Story nimmt ihren Lauf."[417] Die Filme sind also nicht als unverzerrte Wahrheiten anzusehen, sondern als Erinnerungsangebot, welches die Rezipienten annehmen können, um sich über das Thematisierte eine Meinung zu bilden. Frank Bösch, der sich mit dem Umgang des Filmmediums in Bezug auf die NS-Vergangenheit auseinandergesetzt hat, sieht in solchen Dokumentationen auch eine Chance, die Erinnerungskultur nachhaltig zu beeinflussen. Er belegt diese These anhand der Wirkung der Serie „Holocaust" aus dem Jahr 1979.[418]

2004 kuratierte Irmtrud Wojak eine Ausstellung über Bauer. Die wohl populärste Ausstellung ist jedoch die des Fritz Bauer Instituts, welche am 10. April 2014 in Kooperation mit dem Jüdischen Museums Frankfurt ebenda eröffnet wurde und für vier Jahre als Wanderausstellung in ganz Deutschland zu sehen war. In dieser Ausstellung wurde Bauers Lebensgeschichte im Spiegel der historischen Ereignisse dokumentiert.[419] Es wurde beleuchtet, mit welchen Repressalien er als Jude und Sozialdemokrat konfrontiert wurde. Weitere Ausstellungen gab es unter anderem zum 20. Juli 1944 und zur Rolle Bauers im Remer-Verfahren.[420] 2014 wurde ebenfalls ein Studienpreis des Bundesjustizministeriums gestiftet, der offiziell als „Fritz Bauer Studienpreis für Menschenrechte und juristische Zeitgeschichte" betitelt wurde.[421]

---

417 Wojak, Irmtrud: „Der Staat gegen Fritz Bauer" oder „Der Jude ist schwul!" In: Ansgar Klein, Hans-Josef Legrand, Jan Rohwerder, Jochen Rosse (Hgg.): Forschungsjournal Soziale Bewegungen 28, Heft 4, München 2016, S. 366.

418 Vgl. Bösch, Frank: Film, NS-Vergangenheit und Geschichtswissenschaft, in: Helmut Altrichter, Margit Szöllösi-Janze, Horst Möller, Andreas Wirsching (Hgg.): Vierteljahreshefte für Zeitgeschichte 55, Heft 1, München 2007, S. 2.

419 Vgl. Frei: Wann wird ein Held zum Helden, S. 274.

420 Vgl. Thiessen, Jan: Fritz Bauer – zur schwierigen Rezeption, in: Eric Hilgendorf (Hgg.): Juristen Zeitung 70, Heft 22, Tübingen 2015, S. 1069.

421 Vgl. Maas, Heiko: Ehrungen und Nachrufe. Fritz Bauer Studienpreis für Menschenrechte und juristische Zeitgeschichte, in: Ansgar Klein, Hans-Josef Legrand,

Weiter gab es mehrere Dokumentationen mit Titeln wie „Fritz Bauer – Der Nazijäger". Dabei ist fraglich, inwieweit eine solche Zurechnung der Person Bauers in all seinen Facetten gerecht wird, wenn Bauer schon vor 1933 für die Demokratie und Gerechtigkeit sowie für die kritische Auseinandersetzung mit festgefahrenen Normen und Gesetzen kämpfte und sich oftmals für eine humanere Gesellschaft und politische Ordnung aussprach.[422]

Weitere Ehrungen kamen dem Generalstaatsanwalt 2017 mit einer angebrachten Gedenktafel an seinem ehemaligem Wohnhaus in Frankfurt[423], der Gründung eines „Fritz Bauer Freundeskreis" 2011 in Braunschweig[424], Ehrungen aus dem Ausland[425], Straßen- und Platzumbenennungen[426] oder einer 2019 erschienenen Briefmarke[427] zu Teil. Es fällt auf, dass in der unmittelbaren Zeit nach Bauers Tod nur sehr wenig zum Erinnern an Bauer veröffentlicht wurde. Daher stellt sich die berechtigte Frage, warum der hessische Generalstaatsanwalt trotz seiner Verdienste erst fünfzig Jahre nach seinem Tod gewürdigt wird und zugleich für den interessierten Beobachter in den letzten Jah-

Jan Rohwerder, Jochen Roose (Hgg.): Forschungsjournal Soziale Bewegungen 28, Heft 4, Berlin 2015, S. 384–388.

422 Er setzte sich beispielsweise auch für die Rechte von Strafgefangenen ein, sprach sich sich für eine genauere Erfassung und Verfolgung von Wirtschaftskriminalität aus und beschäftigte sich mit dem Bild des Richters in der Öffentlichkeit, vgl. Burghardt: Wiederentdeckung, S. 26.

423 Vgl. Meldung auf der Internetseite des Fritz Bauer Instituts vom 10. März 2017: https://www.fritz-bauer-institut.de/mitteilung/erinnerung-an-fritz-bauer-br-einweihung-einer-gedenktafel-fuer-fritz-bauer-br-an-seinem-ehemaligen-wohnhaus-in-frankfurt-am-main (zuletzt aufgerufen am 15.01.2021).

424 Vgl. erste Schriftenreihe: http://fritz-bauer-freundeskreis.de/schriftenreihe-texte-2012/ (zuletzt aufgerufen am 15.01.2021).

425 In New York bekommt der Außenminister Heiko Maas eine posthume Ehrung für den hessischen Generalstaatsanwalt entgegen, vgl. Artikel in der FAZ: https://www.faz.net/aktuell/politik/inland/frankfurter-auschwitzprozess-der-fritz-bauer-kult-16141075.html (zuletzt aufgerufen am 15.01.2021)

426 Vgl. Meldung auf der Internetseite des Fritz Bauer Instituts vom 19. März 2017: https://www.fritz-bauer-forum.de/tubingen-strase-soll-nach-fritz-bauer-benannt-werden/ (zuletzt aufgerufen am 15.01.2021). Zu weiteren Benennungen zu Ehren Bauers, s. Frei: Wann wird ein Held zum Helden, S. 275.

427 Vgl. dazu: Jahresbericht des Fritz Bauer Instituts von 2019, Frankfurt 2020, S. 135.

ren allgegenwärtig scheint. Eine Antwort zur „Rückkehr Fritz Bauers ins kollektive Bewusstsein" liefert Erardo Rautenberg. Er verdeutlicht, dass die Probleme der 1960er und 1970er Jahre hinsichtlich der juristischen Aufarbeitung nicht mehr bestünden und es nur noch wenige aus denen Generationen gibt, die sich angegriffen fühlen könnten, wenn man heute die von Bauer vertretenden Thesen, beispielsweise zur Kollektivschuld im System Auschwitz vertritt.[428] Norbert Frei fragt in einem Aufsatz ebenfalls, wie Fritz Bauer Jahrzehnte nach seinem Ableben zu einer moralischen Autorität bzw. einem „zeithistorischen Gewissen" werden konnte.[429] Der Rechtswissenschaftler Jan Thiessen, der im Zuge des Rosenburg-Projektes[430] über die NS-Vergangenheit des Bundesjustizministeriums forschte, beschäftigt sich mit ähnlichen Fragestellungen und zeigt auf, dass es unterschiedliche Bilder von

428 Vgl. Rautenberg, Erardo: Die Bedeutung des Generalstaatsanwalts Dr. Fritz Bauer für die Auseinandersetzung mit dem NS-Unrecht, in: Ansgar Klein, Hans-Josef Legrand, Jan Rohwerder, Jochen Roose (Hgg.): Forschungsjournal Soziale Bewegungen, Pressetext zu Heft 4, Berlin 2015, S. 1. Ausführlich zu den verschiedenen Generationen, s. Herbert: Ulrich: Drei politische Generationen im 20. Jahrhundert, in: Jürgen Reulicke (Hgg.): Generationalität und Lebensgeschichte im 20. Jahrhundert, München 2003, S. 95–115.

429 Frei: Wann wird ein Held zum Helden, S. 274.

430 Das „Rosenburg-Projekt" untersuchte seit 2012 mit der Hilfe von unabhängigen Wissenschaftlern die Geschichte des Bundesjustizministeriums mit dem Fokus auf den 1950er und 1960er Jahren. Im speziellen sollte herausgearbeitet werden, welche Seilschaften es gegeben habe und wie sich die angestellten der Justiz gegenseitig schützten. Der Abschlussbericht unter dem Titel „Die Akte Rosenburg" wurde 2016 veröffentlicht und zeigt auf, dass viele Juristen innerhalb des Justizministeriums der jungen BRD zuvor innerhalb des NS-Regimes führende Rollen innehatten. Es geht hervor, dass die Hälfte der Führungskräfte Mitglieder der NSDAP waren. Das Werk zeugt zudem deutlich auf, dass durch den nationalsozialistischen Hintergrund vieler Juristen auch das deutsche Strafrecht litt. Dieses sei nur sehr oberflächlich „entnazifiziert" worden, was weitreichende Folgen mit sich brachte. So wurde beispielsweise die Diskriminierung von Homosexuellen bis ins Jahr 2017 weiter fortgesetzt. Seit 2017 gibt es zudem eine aktive Wanderausstellung des Rosenburg-Projektes, s. Görtemaker; Safferling: Die Akte Rosenburg, S. 12–22. Das Projekt wurde sehr positiv aufgenommen, hinterließe, laut dem Rechtswissenschaftler Thomas Fischer jedoch einen faden Beigeschmack. Dies gründet sich auf die späte Aufarbeitung, bei der es möglich war „die alten Akten hervorzuholen" ohne die eigene Karriere zu gefährden, s. Fischer, Thomas: Im Recht. Einlassungen von Deutschlands bekanntestem Strafrichter, München 2016, S. 142.

Bauers Vermächtnis gebe. Dies finge schon bei der Auswahl der „richtigen" Biographie an, so Thiessen. Weiter stelle sich die Frage, ob bzw. inwiefern sich die transportierten Bilder von Steinke, Wojak oder dem Fritz Bauer Institut unterscheiden würden.[431]

Nach kurzer Recherche stößt man schnell auf Artikel, die von einem Deutungskampf um das Werk Bauers sprechen, der unter anderem im Fritz Bauer Institut selbst geführt wird. Der Journalist Kurt Nelhiebel weist im Artikel auch auf vergangene Auseinandersetzungen zwischen Irmtrud Wojak und dem Fritz Bauer Institut hin, welches die von Wojak verfasste Biographie vermeintlich boykottiere. Zudem kritisiert er das Fritz Bauer Institut für Veröffentlichungen durch Werner Renz sowie die Charakterisierung Bauers durch Steinke und dessen boulevardesken Schreibstil.[432] Er wirft dem Fritz Bauer Institut vor, ein „offensichtlich [gefälschtes] Bekenntnis" als Exponat in der Ausstellung zu zeigen, welches Bauers Unterwerfungserklärung gegenüber den Nationalsozialisten beweise.[433] Ein handschriftliches Unterwerfungsschreiben gäbe es nicht, lediglich ein in der Parteizeitung gedrucktes Treuebekenntnis unter dem Namen „Hauer", so auch Wojak.[434] Wie Jan Thiessen herausstellt, wirft Nelhiebel Renz vor, zu einer „Anti-Bauer-Stimmung" beizutragen. Weiter verweist er in der Debatte um Fritz Bauers Unterwerfungserklärung auf einen Folgeartikel des Tagesspiegels, in welchem der pensionierte Richter Helmut Kramer richtigstellt, dass eine solche Unterwerfungserklärung nicht unüblich gewesen sei, um schlimmere Repressalien durch die Nationalsozialisten abzuwenden und die eigene Arbeit im Untergrund fort-

431 Vgl. Thiessen, Jan: Fritz Bauer – zur schwierigen Rezeption, in: Eric Hilgendorf (Hgg.): Juristen Zeitung 70, Heft 22, Tübingen 2015, S. 1069.

432 Vgl. Burghardt: Wiederentdeckung, S. 18.

433 Vgl. Artikel vom 8. Dezember 2014 in Der Tagesspiegel: https://www.tagesspiegel.de/kultur/deutungskampf-um-das-werk-von-fritz-bauer-die-nestbeschuetzer/11087028.html (zuletzt aufgerufen am 15.01.2021).

434 Vgl. Wojak, Irmtrud: „Der Staat gegen Fritz Bauer" oder „Der Jude ist schwul!" In: Ansgar Klein, Hans-Josef Legrand, Jan Rohwerder, Jochen Rosse (Hgg.): Forschungsjournal Soziale Bewegungen 28, Heft 4, München 2016, S. 368.

setzen zu können. Kramer verteidigt zudem Steinkes Biographie.[435] Nelhiebel kritisiert weiter die von Renz aufgestellte These, dass die ausführliche Darstellung der individuellen Taten im KL Auschwitz entgegen der von Bauer vertretenden Rechtsauffassung einer kollektiven Tat ständen und eher einen Schauprozess darstellen. Ein Schauprozess, der von Bauer an anderer Stelle als „Mittel zum Zweck“ und folglich positiv dargestellt wurde.[436] Mit dem verwendeten Titel des Aufsatzes „Der Frankfurter Auschwitz-Prozess: Rechtsstaatliches Verfahren oder Strafrechtstheater“ kann die Diskussion entstehen, inwiefern jenes „Theater” im Gegensatz zu einem gemeinen Strafrechtsverfahren stehe, bzw. könne man darüber streiten, welchen Sinn und Zweck öffentlich geführte Strafverfahren per se haben.[437] Weiter gilt es die Frage zu beantworten, inwiefern das Problem der Inkompatibilität von traditionellem Strafrecht und der systematischen Menschenvernichtung gelöst werden könne, wenn nicht durch einen öffentlichen Prozess. Es ging beim Auschwitz-Prozess in Frankfurt darum, den Opfern eine Stimme zu geben und nicht weiter die Augen vor der Vergangenheit zu verschließen. Der Gerichtssaal wurde also, bleibt man bei der Rhetorik des Theaters, zu einer Art Bühne, auf die jede Person dank des enormen Medienechos schauen musste. Ein Echo, welches vermutlich nur entstand, da das Verfahren in seiner Größe stattfand und nicht, wie die Folgeverfahren, an unterschiedliche Gerichte verteilt wurden. Dass die Bevölkerung grundsätzlich an genau diesem „Strafrechtstheater“ interessiert war, zeigt sich durch die Medienberichterstattung. Pendas

---

435 Vgl. Thiessen, Jan: Fritz Bauer – zur schwierigen Rezeption, in: Eric Hilgendorf (Hgg.): Juristen Zeitung 70, Heft 22, Tübingen 2015, S. 1070.

436 Vgl. Renz, Werner: Der Frankfurter Auschwitz-Prozess: „Rechtsstaatliches Verfahren“ oder „Strafrechtstheater“? Kann mithilfe der Strafjustiz politische Aufklärung geleistet werden? In: Wolfgang Form, Theo Schiller, Lothar Seitz (Hgg.): NS-Justiz in Hessen. Verfolgung, Kontinuität, Erbe, Marburg 2015, S. 439–445.

437 Zur Frage des Sinns, s. Alwart, Heiner: Sinn und Unsinn in der „öffentlichen Hauptverhandlung“. Fritz Bauer (1903–1968): Ein maßgebender Generalstaatsanwalt für das 21. Jahrhundert? In: Christian Fischer, Pauly Walter (Hgg.): Höchstrichterliche Rechtsprechung in der frühen Bundesrepublik, Tübingen 2015, S. 175–194.

beschreibt zudem, wie die Presseberichterstattung selbst zu dramenartigem Erzählen tendierte.[438]

In dem 2017 veröffentlichtem Essay „Die Demontage des Generalstaatsanwalts Dr. Fritz Bauer“ des 2018 verstorbenen brandenburgischen Generalstaatsanwaltes Erardo Rautenberg, setzt sich dieser mit Steinkes Biographie auseinander.[439] Er bezeichnet sie als Zerrbild und spricht von einem schlechten Buch, „wenngleich das am besten geschriebene schlechte, das ich bisher gelesen habe.“[440] Er attestiert dem Buch zwar eine gute Lesbarkeit und sieht dadurch die Bekanntheit Bauers in der allgemeinen Öffentlichkeit steigen[441], kritisiert Steinke jedoch hinsichtlich Plagiatsvorwürfen, reißerischen Überschriften[442], einem zu großen Fokus auf die vermeintliche Homosexualität Bauers und dessen Darstellung als Opportunisten. Aus „Opportunismus“ habe er seine angebliche Homosexualität nicht ausgelebt sowie seine jüdische Herkunft in der BRD verschwiegen.[443] Weiter kritisiert er, dass Steinke nicht darauf hinweist, dass etwaige Beweise über Bauers so genannte „Unterwerfungserklärung“ nicht im Original vorliegen sondern lediglich von der bereits „gleichgeschalteten” Zeitung

438 Vgl. Pendas: Auschwitz-Prozess, S. 278–279.

439 Zur kontroversen Rezeptionsgeschichte von Steinkes Biographie, s. Burghardt: Wiederentdeckung, S. 17–21.

440 Rautenberg: Die Demontage des Generalstaatsanwalts, S. 370.

441 Dies wird explizit als Ziel der Biographie genannt, s. Steinke: Fritz Bauer oder Auschwitz vor Gericht, S. 24.

442 Als Beispiel führt er die Überschrift zum Kapitel von Bauers Dissertation an: „Eine Doktorarbeit, über die sich Industriebarone freuen“, vgl. Steinke: Fritz Bauer oder Auschwitz vor Gericht, S. 69. Zudem kann auch die Überschrift „Freund der Schwulen: Bauer in der Debatte um den § 175“ als überspitzt oder unwissenschaftlich gedeutet werden, vgl. Steinke, Ronen: Fritz Bauer oder Auschwitz vor Gericht, München 2014, S. 234. Zur Strafbarkeit der Homosexualität, s. Görtemaker; Safferling: Die Akte Rosenburg, S. 372–375.

443 Über die Thematisierung der vermeintlichem Homosexualität Bauers wurde ebenfalls bei der Konzeption der Ausstellung „Fritz Bauer. Der Staatsanwalt. NS-Verbrechen vor Gericht“ diskutiert. Darin wird begründet, dass es nicht um die sexuelle Ausrichtung als solche ginge, sondern um die Tatsache, dass selbst in vergleichsweise liberal ausgerichteten Ländern wie Dänemark, Bauers erstem Exilort, Repressalien gegenüber homosexuellen Handlungen erfahrbar waren, s. Backhaus; Boll; Gross: Fritz Bauer. Der Staatsanwalt, S. 8.

verbreitet wurden.[444] Auch Wojak hält Steinkes Werk „biographische […] Entstellungen vor". Weiter stellt sie sich entschieden gegen die gewählte Darstellungsweise. Sie überspitzt ihre Aussagen indem sie Steinke unterstellt, das Narrativ „Fritz Bauer sei ein schwuler jüdischer Nazi-Jäger gewesen, der 1933 seine Partei, die SPD, und nach 1945 seine jüdische Herkunft verraten haben soll", in der Öffentlichkeit zu verbreiten.[445] Auch auf internationalen Veranstaltungen, wie beispielsweise der Buchpräsentation ihrer übersetzten Biographie in den USA versucht sie, das Bild Bauers, laut ihr durch die jüngsten Spielfilme verzerrt, in ein richtiges Licht zu rücken.[446]

Thiessen sieht die Vorwürfe, Steinke mache Bauer zum Opportunisten, als nicht gerechtfertigt an, indem er Beispiele für den dargestellten „Anti-Opportunismus" von Bauer aufzeigt. Weiter versucht er die unterschiedlichen Stile der jeweiligen Biographen mit den differenzierten akademischen Hintergründen sowie durch deren Altersunterschied zu begründen. Steinke sei durch sein jüngeres Alter unbeschwerter hinsichtlich der Auseinandersetzung der deutschen Vergangenheit aufgewachsen. Die Differenzen zwischen den Biographien würden sich eher in gewählter Form und Darstellungsweise zeigen, nicht am gewählten Inhalt, so dass die Frage, welche Biographie eher anspricht, eine Geschmacksfrage sei.[447] Eine ähnliche Überlegung hat Burghardt, welcher in Steinkes Werk eine deutlichere Schwerpunktsetzung erkennt, die einen dynamischen Lesefluss begünstigt. Demgegenüber steht die Arbeit Wojaks, welche zwar akribisch nach Lückenlosigkeit strebe, dafür jedoch kein „Lesevergnügen" sei.[448]

---

444 Vgl. Rautenberg: Die Demontage des Generalstaatsanwalts, S. 370–372.

445 Vgl. Wojak, Irmtrud: „Übrigens"- Fritz Bauer braucht keine Rehabilitierung, in: Fritz Bauer Blog der Buxus Stiftung: https://www.fritz-bauer-forum.de/ubrigens-fritz-bauer-braucht-keine-rehabilitierung/ (zuletzt aufgerufen am 15.01.2021).

446 Vgl. Mitteilung des Fritz Bauer Blog der Buxus Stiftung: https://www.fritz-bauer-forum.de/fritz-bauer-in-den-usa/ (zuletzt aufgerufen am 15.01.2021).

447 Vgl. Thiessen, Jan: Fritz Bauer – zur schwierigen Rezeption, in: Eric Hilgendorf (Hgg.): Juristen Zeitung 70, Heft 22, Tübingen 2015, S. 1070–1072.

448 Burghardt: Wiederentdeckung, S. 18.

Zusammenfassend lassen sich also unterschiedliche Perspektiven auf Bauers Erbe innerhalb der Fachwissenschaft herausfiltern. Dass dies nicht unbedingt schlecht für den wissenschaftlichen Diskurs ist, möchte ich kurz erläutern: Durch die unterschiedlichen Darstellungsweisen werden möglicherweise Aspekte in den Fokus gerückt, die zuvor nicht besonders beachtet wurden. Wenn diese aber begründet dargestellt werden, so darf es kein Problem werden, Fritz Bauer und seine Taten auch mit einem kritischen Auge zu beurteilen. Durch die anhaltende Arbeit des Fritz Bauer Instituts und einer voranschreitenden Forschung zu Bauer, können Aspekte enthüllt werden, die für Bauer weniger rühmlich erscheinen könnten oder welche Paradoxien aufzeigen. Nichtsdestotrotz muss der historische Kontext beachtet und eine sachliche Debatte geführt werden. Es geht nicht darum, einen unkritisierbaren Helden sondergleichen zu schaffen. Es geht darum, einen Menschen zu porträtieren, welcher viele Facetten hat und dass die meisten davon für den Prozess der deutschen „Vergangenheitsbewältigung" revolutionär waren. Dass Bauer den Respekt für sein Lebenswerk, den er durch seine Zeitgenossen nur eingeschränkt bekommen hatte, in den vergangenen Jahren durch zahlreiche Ehrungen posthum erlangen konnte, ist im Sinne der der Aufarbeitungshistorie positiv anzuerkennen. Dass wiederum der Eindruck entsteht, dass die verschiedenen Persönlichkeiten, die sich Bauers Werk widmen, eher gegeneinander statt miteinander arbeiten und sich gegenseitiges Fehlinterpretieren attestieren, verwundert doch stark.

7.5 Der Mythos Fritz Bauer?

Werner Renz beschäftigt sich auf einer kritischen Ebene mit dem Schaffen Bauers und versucht in seinem Aufsatz innerhalb des Sammelbandes von Osterloh und Vollnhals über zwei Mythen aufzuklären: Zum einen wäre Bauers Rolle hinsichtlich der Konzeption des Auschwitz-Prozesses überhöht, zum anderen sei es ein Mythos, dass Bauer in den NS-Prozessen einen „volkspädagogischen Aufklärungscharakter" gesehen habe.[449] Renz betont das ambivalente Handeln Bauers: „Der eine Bauer“, welcher die Anklage nur als „Mittel zum Zweck“ sah und ein Prozess einem „höheren Ziel“ gewidmet sei, was er anhand von Passagen in Bauers „Kriegsverbrecher vor Gericht“ belegt. Es ginge ihm, so wie bereits in der Arbeit dargestellt, um das Verbrechen als solches und die Aufrechterhaltung der Normen sowie um die öffentliche Wahrnehmung der Täter: „Der Exilant Bauer erhoffte sich von Strafprozessen einen sozialpädagogischen Beitrag zur Wandlung der Deutschen in demokratiefähige Menschen.“[450] Auch Matthias Meusch sieht in Bauers Auslegung von Strafe eine „positive Generalprävention“ und belegt seine These durch Bauers geplantes Handeln im Gerichtssaal.[451] Dieser wollte durch „lebendige Gutachten“, Filme und Schaubilder auf riesigen Leinwänden eine „Geschichtsstunde abhalten“, selbst wenn diese als Schauprozess angesehen werden würde.[452] Auf der anderen Seite äußerte Bauer den Wunsch nach einem kurzen Verfahren. Ein solcher „kurzer Prozess“ hinsichtlich der Verbrecher von Auschwitz stünde nach Renz im Gegensatz zum so genannten „volkspädagogischen“ Handeln Bauers und zeigt die Widersprüche in Bauers Handeln auf. Er wollte eine Reform innerhalb der Rechtsprechung erwirken, um angemessen und zeitökonomisch über NS-Verbrechen urteilen zu können. Ein wochenlanger Prozess, bei dem durch Zeugenbefragungen und Dokumentensichtung die jeweils individuellen Tatnachweise belegt werden, stand im Gegensatz zur Rechtsauffassung Bauers und verwunderte sogar die Rechtsbeistände der Opfer, so Renz.[453] Die angesprochene Widersprüchlichkeit zeigt sich auch bei der Betrachtung Bauers als „öffentlichen“ bzw. „privaten“ Menschen. Während er in der Öffentlichkeit stets positiv und voller

449 Vgl. Renz: Der erste Frankfurter Auschwitz-Prozess, S. 349.

450 Renz: Der erste Frankfurter Auschwitz-Prozess, S. 351.

451 Meusch: Von der Diktatur zur Demokratie, S. 198.

452 Bauer, Fritz: Nach den Wurzeln des Bösen fragen. Aus dem Wortlaut eines Vortrages von Generalstaatsanwalt Fr. Fritz Bauer, in: Ansgar Klein, Hans-Josef Legrand, Jan Rohwerder, Jochen Roose (Hgg.): Forschungsjournal Soziale Bewegungen 28, Heft 4, Berlin 2015, S. 120–122.

453 Vgl. Renz: Der erste Frankfurter Auschwitz-Prozess, S. 357–359.

Energie auftrat, schrieb er in einem Brief im Jahr 1963: „Natürlich ist das Resultat der Prozesse mehr als negativ. Ich habe nie etwas anderes erwartet. Die Naziprozesse unterscheiden sich insoweit in nichts von allen anderen Strafprozessen (...). Es wäre gewiss schon etwas gewonnen, wenn das dumme Publikum aus der Problematik der Naziprozesse auf die Fragwürdigkeit aller Strafprozesse schlösse.“[454]

454 Zitiert nach: Renz, Werner: Fritz Bauer und das Versagen der Justiz. Nazi-Prozesse und ihre Tragödie, Hamburg 2015, S. 31.

8 Fazit

Die Zeit des Übergangs vom „Dritten Reich" zur Bundesrepublik war geprägt von sich ambivalent begegnender Transformation und Kontinuität. Durch die alliierte Gesetzgebung in der unmittelbaren Nachkriegszeit war die Zuständigkeit der deutschen Gerichte vorerst eingeschränkt. Durch den Erlass der Kontrollratsgesetze wurde es den deutschen Gerichten weiterhin möglich gemacht, in der Zeit bis 1949, nach deutschem Recht sowie den Kontrollratsgesetzen zu urteilen, was in Bezug auf das Rückwirkungsverbot umstritten war und daher nur selten von Staatsanwälten gefordert und von Richtern durchgesetzt wurde. Aus diesen Umständen ergaben sich milde sowie ausbleibende Bestrafungen für NS-Verbrecher, was zeigt, dass das deutsche Strafrecht keine ausreichende Grundlage zur Ahndung jener Verbrechenskomplexe bot. Im Jahr 1949 wurde mit dem Straffreiheitsgesetz erstmals der Versuch unternommen, die eigene historische und politische Identität neu zu begründen und die deutschen Gerichte zu entlasten. Diese hatten besonders seit 1945 mit personellem Mangel eine Vielzahl an unerledigten Fällen aus Kriegs- und Nachkriegszeit zu bearbeiten. Durch die Straffreiheitsgesetze trug der deutsche Gesetzgeber jedoch dazu bei, dass die Definition von Recht und Unrecht in Bezug auf die NS-Verbrechen weiter verwischte. Ebenso sind die verschiedenen Debatten über die Verjährungsfristen auf zwei verschiedene Arten zu werten. Auf der einen Seite kann man die berechtige Frage stellen, ob die teilweise noch nationalsozialistisch belastete Politik in Bezug auf die Gerechtigkeit hinsichtlich der ungeheuerlichen Taten versagt hat, indem sie sich gegen strafrechtliche Normen gestellt hat, die geschaffen wurden, um mit den Verbrechen des Krieges umzugehen. Auf der anderen Seite wurde, mit zunehmender zeitlicher Distanz, ein politisches Statement gesetzt, indem Mord von der Verjährung ausgeschlossen wurde. Dass die Stabilität der jungen BRD durch die etwaigen Aussagen von Angeklagten ins Wanken geraten konnte, war ein weiterer Faktor, der die Verfolgungspraxis der Nachkriegszeit auf ein Minimalniveau sinken ließ. Zusammenfassend lässt sich sagen, dass sowohl die Politik als auch die Justiz nach Beendigung des Krieges überfordert waren, gleichzeitig nicht das Ausmaß der kommenden Prozesse voraussehen konnten und keinen Druck bei der Verfolgung von NS-Tätern hatten. Diese Einstellung der Justiz verhielt sich symbiotisch mit der herrschenden Meinung der Gesellschaft. Es entstand eine Überforderung, die durch die Anwendung der Radbruchschen Formel oder der Anwendung des KRG Nr. 10 hätte vermieden werden können, auf dessen Einsatz aber verzichtet wurde, um nicht mit anderen Prinzipien, wie dem Rückwirkungsverbot zu konkurrieren. Es wurde also bewusst auf eine neue Linie in der Rechtsprechung verzichtet. Zurückzuführen sein könne dies auch auf die personelle Kontinuität, welche am „alten System" festhalten wollte. In öffentlichen Diskursen wurde bis Ende der 1950er Jahren die Existenz des „Dritten Reiches" vermehrt totgeschwiegen. Obwohl die Verjährung von Totschlagsdelikten einer partiellen Generalamnestie gleichkommt und als primärer Grund für ein „Versagen des Gesetzgebers" aufzuführen ist, ist herauszustellen, dass sich die verschiedenen Regierungen, trotz der sich in den frühen 1950er Jahren ausbreitenden Schlussstrichmentalität, gegen eine Generalamnestie stellten.

Die westdeutsche Öffentlichkeit reagierte ambivalent auf die verschiedenen Debatten und Prozesse und die Person Fritz Bauer, vor allem, da er alte Strukturen aufzubrechen versuchte. Die fehlende „Bewältigung der Vergangenheit" und eine gänzlich neue Lebenssituationen unmittelbar nach dem Krieg, bildete die Basis für die dominierende „Schlussstrichmentalität", die Bauer besonders kritisierte. Die „Bewältigung" einer verbrecherischen Vergangenheit war nach seiner Ansicht nötig, um die Gegenwart und Zukunft der jungen BRD zu sichern und ein demokratisches Bewusstsein zu bilden. Dabei soll erwähnt werden, dass es 75 Jahre nach Kriegsende wesentlich leichter fällt, die nationalsozialistischen Denkmuster in den Jahren nach Kriegsende zu erkennen, die sich noch in vielen Köpfen befanden. Die radikale Umstellung der eigenen Lebenswelt fällt sicherlich jedem schwer, so dass es nachvollziehbar ist, warum eine politisch-historische Sensibilität in den ersten Nachkriegsjahren fehlte.

Mit zeitlicher Distanz und dem Bekanntwerden einzelner medial begleiteter Ereignisse, wie dem Ulmer Einsatzgruppen-Prozess, der Verhandlung um Eichmann oder dem Auschwitz-Prozess wurden allerdings Erkenntnisse errungen bzw. aufgearbeitet und die Schuldfrage wieder in die Gedankenwelt der Gesellschaft gebracht, wobei sich zeigte, dass die Presseberichterstattung von der Bevölkerungsmeinung zu unterscheiden ist. Fritz Bauer spielte dabei eine Schlüsselrolle, insbesondere nach seiner Ernennung zum hessischen Generalstaatsanwalt. Bauer verlangte eine juristische Aufarbeitung von NS-Verbrechen, um die Gesellschaft mit ihrer Vergangenheit zu konfrontieren und sie vor einem erneuten Rückfall in diktatorische Systeme zu schützen. Um dies zu erreichen versuchte er das Strafrecht zu reformieren, welches aus der Rechtstradition des Kaiserreichs entstammte und nicht auf die strafrechtlichen Besonderheiten der Shoah, des Porajmos und den weiteren systematischen Mordverbrechen anwendbar wäre. Es ging ihm nicht um die Verurteilung einiger weniger, sondern um das Verständnis des „Systems Auschwitz“ bzw. des „Systems des nationalsozialistischen Staates“, welches nicht einfach durch eine Verurteilung durch das Strafrecht gesühnt oder verdrängt werden könne.

Von seinen Zielen „volkspädagogisch“ aufzuklären und Strafrechtsreformen durchzusetzen, konnte er zu Lebzeiten keines erreichen. Alleine aber die Idee seines Rechtsbewusstseins in die Köpfe der Menschen zu bringen, kann, aus Bauers benachteiligter Ausgangslage heraus, als Erfolg gewertet werden. Weiterhin sorgte Bauer dafür, dass bis heute noch Debatten geführt werden, die vielleicht anders aussähen, hätte es keinen großen Auschwitz-Prozess in Frankfurt gegeben. Es ist nicht verwunderlich, dass die „Bewältigung der Vergangenheit“, auch mit anhaltender Aufarbeitung und gesteigertem Medieninteresse, ablehnende Reaktionen hervorrief, da jeder Deutsche in irgendeiner Weise in Verbindung zu den Geschehnissen stand. Besonders die personelle Kontinuität in Justizbehörden und neu gegründete Vereine wie die „Zentrale Rechtsschutzstelle" erschwerten Bauers Arbeit, verhinderten ganze Verfahren und blockierten Reformen innerhalb des Strafrechts.

Ein pädagogischer oder moralischer Lernprozess, gemeint ist damit eine sich entwickelnde Tendenz der Gesellschaft in eine bestimmte Richtung, ist durch die stark schwankende Häufigkeit an Prozessen und der einhergehenden Berichterstattung in Bezug auf die 1950er und frühen 1960er Jahre also nicht explizit festzustellen. Die herrschende Meinung der Gesellschaft berief sich vorzugsweise darauf, die Verantwortung der Verbrechen des „Dritten Reiches" einer vergleichsweise kleinen Gruppe von Personen zuzuschreiben, so dass sich die Nachkriegsgesellschaft selbst zum Opfer eines missglückten Systems machen konnte. Die „normalen" Bürger, die ebenfalls Teil des Gesamtsystems waren, traten vor den „Dämonen" in den Hintergrund. Das Urteil im Auschwitz-Prozess unterstützte dieses Denken, da es die individuelle Schuldfrage einzelner Personen betrachtete.

Zu erwähnen ist also, dass die Frage, ob eine „Vergangenheitsbewältigung" stattgefunden hat, nicht allein auf eine effiziente Strafjustiz zurückzuführen sei, sondern auf ein Zusammenspiel zwischen Jurisprudenz, Politik und öffentlicher Wahrnehmung bzw. der Art und Weise wie der Gesellschaft Informationen präsentiert wurden. Dass aber eben Politik und Juristerei nach Bauers Tod auf exemplarische Prozesse gegen NS-Täter bewusst verzichteten, zeugt von einer Instabilität und einer vermeintlichen Angst davor, sich als Staat neu zu definieren. Das Zulassen des „EGOWiG" verstärkt diese Ansicht. Die euphemistische Bezeichnung als „Panne" wirkt im Gesamtzusammenhang wenig glaubwürdig und aus heutiger Sicht als Justizversagen. Auch in den letzten Jahren gibt es Stimmen, die fragen, ob die „ewige Vergangenheitsbewältigung" die deutsche bzw. europäische Stabilität gefährde. So wurde die These aufgestellt, dass durch das „deutsche Schuldgefühl"

Entscheidungen auf Moral statt Vernunft getroffen werden würden.[455] Die Frage nach der Schuld bleibt also aktuell. Fritz Bauer hat zu hohem Maße das Vergangenheits- und Geschichtsbewusstsein der deutschen Bevölkerung sowohl zu Lebzeiten als auch darüber hinaus geprägt und sich aktiv gegen die anhaltenden Verdrängungsmechanismen und Amnestiebestrebungen eingesetzt. Statt sich auf Einzeltäter und Individualverbrechen zu fokussieren, versuchte er der deutschen Bevölkerung die historischen Dimensionen zu vermitteln und das Vernichtungssystem in seiner Gänze aufzuzeigen. Dabei stellte er seine eigene Person in den Hintergrund, um wenig Angriffsfläche zu bieten, denn als Remigrant, Jude, Sozialdemokrat, ehemaliger KL-Häftling und vermeintlich Homosexueller nahm er eine Außenseiterposition gegenüber den typischen Juristen der Nachkriegszeit ein. Um Bauers Schaffen also heute zu bewerten, gilt es, diese Hintergründe zwar vor Augen zu haben, jedoch nicht zu überhöhen. Das Bauer nachträglich zur einer Symbol- und Leitfigur der jungen BRD geworden ist, ist ein Produkt der Generationenfrage sowie dem Zusammenspiel von Zivilgesellschaft und Institutionen. Durch die folglich hergestellte Annäherung an Bauer durch Filme, Biographien und weiteren Ehrungen, schafft Bauers Wirken den Schritt in das öffentliche Bewusstsein, obgleich dies weiterhin kritisch beurteilt werden soll.

Was ist also das Erbe von Fritz Bauer? Durch die Rückkehr nach Deutschland half Bauer mit, einen stabilen Rechtsstaat aufzubauen und für sein Ziel, eine humanere Gesellschaft aufzubauen, legte er das Fundament, sollte es selbst aber nicht mehr miterleben. Er strebte neben der juristischen Aufklärung auch eine Selbstaufklärung der Gesellschaft an, die wir heute zu weiten Teilen erreicht haben. Ohne Bauer hätte es vermutlich kein großes Auschwitz-Verfahren gegeben, sondern nur eine Reihe von kleinen Strafverfahren an verschiedenen

455 Vgl. Artikel des niederländischen Politikwissenschaftlers René Cuperus vom 4. Februar 206 in der Süddeutschen Zeitung: https://www.tagesspiegel.de/kultur/deutungskampf-um-das-werk-von-fritz-bauer-die-nestbeschuetzer/11087028.html (zuletzt aufgerufen am 15.01.2021).

deutschen Gerichten, so dass ein solch detailreiches Gesamtbild nicht erreicht hätte werden können. Bauer kann also begründet als einer der bedeutendsten Juristen der Nachkriegszeit bezeichnet werden und es sollte durch die von Bauer angestoßenen Prozesse ein Anliegen sein, die Erinnerung an sein Schaffen zu würdigen. Dass im Jahr 2011 erstmals der Rechtsauffassung Bauers gefolgt wurde, kann weiterhin als das geistige Erbe Bauers gedeutet werden.

Ob die heutige Gesellschaft von einem Ende der „Schlussstrich-Mentalität" sprechen vermag, kann anhand der vorgestellten Umfragen nicht beantwortet werden. Wird innerhalb des rechts-orientierten Spektrums oftmals der mit dem politischen Kampfbegriff bezeichnete „Schuldkult" kritisiert, stehen demgegenüber jüngere Generationen, die sich kritisch mit dem Nationalsozialismus auseinandersetzen möchten. Nur durch das bewusste Aufarbeiten der Vergangenheit mit seinen Fehlern und dem Eingestehen der eigenen Versäumnisse, kann eine etwaige Wiederholung verhindert werden und sich die Gesellschaft politisch und justiziell weiterentwickeln. Auch sollte eine demokratische Gesellschaft darauf achten, dass die deutsche Erinnerungskultur nicht von populistischen Strömungen vereinnahmt wird, die mit Hilfe von geschichtsrevisionistischen Perspektiven die Taten zwischen 1933 und 1945 relativieren und gleichzeitig das deutsche Opfernarrativ bekräftigen. Wenn im Mai 2020 Virologen mit Josef Mengele verglichen oder Judensterne als „provokative Symbole" getragen werden, dann stellt sich durchaus die Frage, inwieweit eine solche Verharmlosung des Nationalsozialismus und eine Verhöhnung der Opfer eine erfolgreiche „Vergangenheitsbewältigung" darstellt.[456] Diese Arbeit hat unter anderem die juristischen Versäumnisse der Vergangenheit aufgezeigt und bewiesen, dass die Auseinandersetzung mit dem Nationalsozialismus kein linearer Weg, sondern ein permanenter Prozess war und noch immer ist. Heute gilt es aus der Vergangenheit Konsequenzen zu

456 Vgl. Artikel des BR vom 23. Mai 2020: https://www.br.de/nachrichten/deutschland-welt/widerwaertiger-tabubruch-ns-vergleiche-waehrend-corona,Rzj6QCv (zuletzt aufgerufen am 15.01.2021).

ziehen, sich auch weiterhin mit dem noch offenen Forschungsfeld der nationalsozialistischen Justizverfahren zu beschäftigen und ein gewisses Maß an Sensibilität zu transportieren, um Formen von Extremismus und Diskriminierung entgegenzutreten.

9 Literatur- und Quellenverzeichnis

9.1 Literaturverzeichnis

Alwart, Heiner: Sinn und Unsinn in der „öffentlichen Hauptverhandlung". Fritz Bauer (1903–1968): Ein maßgebender Generalstaatsanwalt für das 21. Jahrhundert? In: Christian Fischer, Pauly Walter (Hgg.): Höchstrichterliche Rechtsprechung in der frühen Bundesrepublik, Tübingen 2015, S. 175–194.

Ambos, Kai: Nationalsozialistisches Strafrecht: Kontinuität und Radikalisierung, Baden-Baden 2019.

Arendes, Cord: Zwischen Justiz und Tagespresse. „Durchschnittstäter" in regionalen NS-Verfahren, Paderborn 2012.

Backhaus, Fritz; Boll, Monika; Gross, Raphael: Fritz Bauer. Der Staatsanwalt. NS-Verbrechen vor Gericht. Begleitpublikation zur gleichnamigen Ausstellung des Fritz Bauer Instituts und des Jüdischen Museum Frankfurt, Frankfurt 2014.

Balzer, Tanja: Der Begriff des Bösen bei Hannah Arendt, in: Ludwig Tavernier (Hgg.): Studies in European Culture 10, Weimar 2014.

Barash, Jeffrey Andrew: Über die Unfähigkeit zu denken. Hannah Arendts Eichmann-Deutung, in: Benjamin Pollock, Daniel Weidner, Christian Wiese: Naharaim. Zeitschrift für deutsch-jüdische Literatur und Kulturgeschichte 6, Heft 1, Berlin 2012, S. 108–120.

Bästlein, Klaus: Der Fall Globke – Propaganda und Justiz in Ost und West, Berlin 2018.

Bauer, Fritz: Antisemitismus. Zur Pathologie der bürgerlichen Gesellschaft, S, 183. Frankfurt 1965.

Bauer, Fritz: Eine Grenze hat Tyrannenmacht. Plädoyer im Remer-Prozeß (1952), in: Fritz Bauer, Joachim Perels, Irmtrud Wojak (Hgg.): Die Humanität der Rechtsordnung. Ausgewählte Schriften, Frankfurt am Main 1998, S. 169–179.

Bauer, Fritz: Kleine Schriften (1921–1969), in: Lena Foljanty, David Johst (Hgg.): Wissenschaftliche Reihe des Fritz Bauer Instituts, Band 32, Frankfurt 2018.

Bauer, Fritz: Ideal- oder Realkonkurrenz bei nationalsozialistischen Verbrechen? In: Joachim Vogel (Hgg.): Juristen Zeitung 22, München 1967, S. 625–628.

Bauer, Fritz: Nach den Wurzeln des Bösen fragen. Aus dem Wortlaut eines Vortrages von Generalstaatsanwalt Fr. Fritz Bauer, in: Ansgar Klein, Hans-Josef Legrand, Jan Rohwerder, Jochen Roose (Hgg.): Forschungsjournal Soziale Bewegungen 28, Heft 4, Berlin 2015, S. 120–125.

Becker-Schmidt, Regina: Reaktionen der westdeutschen Bevölkerung auf den Auschwitz-Prozess, in: Studienkreis des Deutscher Widerstand 1933–1945 (Hgg.): Informationen 29, Heft 60, Frankfurt 2004, S. 4–10.

Benz, Wolfgang: Geschichte des Dritten Reiches, München 2000.

Benz, Wolfgang: Globke, Hans Maria, in: Wolfgang Benz (Hgg.): Handbuch des Antisemitismus, Band 2, Berlin 2009.

Bevers, Jürgen: Der Mann hinter Adenauer. Hans Globkes Aufstieg vom NS-Juristen zur Grauen Eminenz der Bonner Republik, Berlin 2009.

Blanke, Tobias: Das Böse in der politischen Theorie: Die Furcht vor der Freiheit bei Kant, Hegel und vielen anderen, Bielefeld 2006.

Bohr, Felix: Die Kriegsverbrecherlobby. Bundesdeutsche Hilfe für im Ausland inhaftierte NS-Täter, Berlin 2018.

Bösch, Frank: Film, NS-Vergangenheit und Geschichtswissenschaft, in: Helmut Altrichter, Margit Szöllösi-Janze, Horst Möller, Andreas Wirsching (Hgg.): Vierteljahreshefte für Zeitgeschichte 55, Heft 1, München 2007, S. 1–32.

Braese, Stephan: „In einer deutschen Angelegenheit" – Der Frankfurter Auschwitz-Prozess in der westdeutschen Nachkriegsliteratur, in: Irmtrud Wojak (Hgg.): „Gerichtstag halten über uns selbst…" Geschichte und Wirkung des ersten Frankfurter Auschwitz-Prozesses, S. 217–244.

Brede, Karola: Die Walser-Bubis-Debatte. Aggression als Element öffentlicher Auseinandersetzung, in: Psyche, Heft 3, Stuttgart 2000, S. 203–233.

Brokmeier, Peter: Die Vorstufe der Endlösung. Zum Frankfurter Euthanasieprozeß 1967/68, in: Walter Fabian (Hgg.): Gewerkschaftliche Monatshefte 21, Köln 1970, S. 28–37.

Broszat, Martin: Siegerjustiz oder strafrechtliche „Selbstreinigung". Vergangenheitsbewältigung der Justiz 1945–1949, in: Karl Dietrich Bracher, Hans-Peter Schwarz (Hgg.): Vierteljahresheft für Zeitgeschichte, Heft 4, München 1981, S. 477–544.

Broszat, Martin: Vorwort, in: Hans Buchheim, Martin Broszat, Hans-Adolf Jacobsen, Helmut Krausick (Hgg): Anatomie des SS-Staates, 7. Auflage, München 1999.

Buchheim, Hans: Befehl und Gehorsam, in: Hans Buchheim, Martin Broszat, Hans-Adolf Jacobsen, Helmut Krausick (Hgg): Anatomie des SS-Staates, 7. Auflage, München 1999.

Burghardt, Boris: Vor 60 Jahren: Fritz Bauer und der Braunschweiger Remer-Prozess. Ein Strafverfahren als Vehikel der Geschichtspolitik, in: Andreas Bergmann, Stephan Stübinger, Thomas Vormbaum (Hgg.): Journal der Juristischen Zeitgeschichte 6, Heft 3, Berlin 2012, S. 47–59.

Burghardt, Boris: Wiederentdeckung, Verklärung und Vereinnahmung – Bemerkungen zum Umgang mit Fritz Bauer, in: Andreas Bergmann, Stephan Stübinger, Thomas Vormbaum (Hgg.): Journal der Juristischen Zeitgeschichte, Heft 1, Berlin 2017, S. 15–26.

Claussen, Detlev: Unter uns. Die Remigranten Fritz Bauer, Max Horkheimer und Theodor W. Adorno treffen sich in Frankfurt, in: Katharina Rauschenberger (Hgg.): Rückkehr in Feindesland? Fritz Bauer in der deutsch-jüdischen Nachkriegsgeschichte, Frankfurt 2013, S. 107–117.

De Mildt, Dick; Rüter, Christiaan: Die westdeutschen Strafverfahren wegen nationalsozialistischer Tötungsverbrechen 1945–1997. Eine systematische Verfahrensbeschreibung mit Karten und Registern, München 1998.

Dirks, Christian: „Vergangenheitsbewältigung" in der DDR. Zur Rezeption des Prozesses gegen den KZ-Arzt Dr. Horst Fischer 1966 in Ost-Berlin, in: Jörg Osterloh, Vollnhals Clemens (Hgg.): NS-Prozesse und deutsche Öffentlichkeit. Besatzungszeit, frühe Bundesrepublik und DDR, Göttingen 2011, besonders S. 349–362.

Dittmann, Udo: Fritz Bauer und die Aufarbeitung der NS-Euthanasie, Braunschweig 2015.

Dirks, Christian: Selekteure als Lebensretter. Die Verteidigungsstrategie des Rechtsanwalts Dr. Hans Laternser, in: Irmtrud Wojak (Hgg.): „Gerichtstag halten über uns selbst…" Geschichte und Wirkung des ersten Frankfurter Auschwitz-Prozesses, S. 163–192.

Dobrawa, Ralph: Der Auschwitz-Prozess. Ein Lehrstück deutscher Geschichte, Berlin 2013.

Dreier, Ralf; Paulson, Stanley: Einführung in die Rechtsphilosophie Radbruchs, in: Gustav Radbruch (Hgg.): Rechtsphilosophie. Studienausgabe, Heidelberg 2011, S. 235–250.

Eichmüller, Andreas: Die strafrechtliche Verfolgung von NS-Verbrechen und die Öffentlichkeit der frühen Bundesrepublik Deutschland 1949–1958, in: Jörg Osterloh, Clemens Vollnhals (Hgg.): NS-Prozesse und deutsche Öffentlichkeit. Besatzungszeit, frühe Bundesrepublik und DDR, Göttingen 2011, S. 54–74.

Eichmüller, Andreas: Keine Generalamnestie. Die strafrechtliche Verfolgung von NS-Verbrechen in der frühen Bundesrepublik, München 2012.

Eitz, Thorsten; Stötzl, Georg: Art. Vergangenheitsbewältigung, in: Wörterbuch der „Vergangenheitsbewältigung". Die NS-Vergangenheit im öffentlichen Sprachgebrauch, Band 2, Hildesheim 2009.

Fahl, Christian: Beihilfe zum staatlich organisierten Massenmord. Anmerkung zu BGH, Beschluss vom 20.09.2016 – 3 StR 49/16 = HRRS 2016 Nr. 1123, in: Gerhard Strate (Hgg.): Höchstrichterliche Rechtsprechung zum Strafrecht 18, Heft 4, Hamburg 2017, S. 167–169.

Fischer, Thomas: Im Recht. Einlassungen von Deutschlands bekanntestem Strafrichter, München 2016.

Frei, Norbert: 1945 und Wir. Das Dritte Reich im Bewusstsein der Deutschen, München 2005.

Frei, Norbert: Erbantritt. Nationalsozialismus und Holocaust im Generationenwechsel, in: Horváth, Martin; Legerer, Anton; Pfeifer, Judith, Roth; Stefan: Jenseits des Schlussstrichs. Gedenkdienst im Diskurs über Österreichs nationalsozialistische Vergangenheit, Wien 2002, S. 17–21.

Frei, Norbert: Erinnerungskampf. Zur Legitimationsproblematik des 20. Juli 1944 im Nachkriegsdeutschland, in: Hans-Otto Hemmer (Hgg.): Gewerkschaftliche Monatshefte 11, Köln 1995, S. 664–676.

Frei, Norbert: Fritz Bauer oder: Wann wird ein Held zum Helden, in: Stefan Gerber (Hgg.): Zwischen Stadt, Staat und Nation. Bürgertum in Deutschland (Festschrift für Hans-Werner Hahn), Göttingen 2014, S. 274–279.

Frei, Norbert: Vergangenheitspolitik. Die Anfänge der Bundesrepublik und die NS-Vergangenheit, München 1996.

Freudiger, Kerstin: Die juristische Aufarbeitung von NS-Verbrechen, in: Knut Wolfgang Nörr, Joachim Rückert, Bernd Rüthers, Michael Stolleis (Hgg.): Beiträge zur Rechtsgeschichte des 20. Jahrhunderts, Band 33, Tübingen 2002.

Friedrich, Jörg: Die kalte Amnestie. NS-Täter in der Bundesrepublik, Frankfurt am Main 1994.

Fröhlich, Claudia: Der Braunschweiger Remer-Prozess 1952. Zum Umgang mit dem Widerstand gegen den NS-Staat in der frühen Bundesrepublik, in: KZ-Gedenkstätte Neuengamme (Hgg.): Schuldig. NS-Verbrechen vor deutschen Gerichten. Beiträge zur Geschichte der nationalsozialistischen Verfolgung in Norddeutschland, Heft 9, Bremen 2005, S. 17–28.

Fröhlich, Claudia: Der „Ulmer Einsatzgruppen-Prozess" 1958. Wahrnehmung und Wirkung des ersten großen Holocaust-Prozesses, in: Jörg Osterloh; Clemens Vollnhals (Hgg.): NS-Prozesse und deutsche Öffentlichkeit. Besatzungszeit, frühe Bundesrepublik und DDR, Göttingen 2011, S. 233–262.

Fröhlich, Claudia: Remigration und Neuanfang – Fritz Bauer als Richter und Generalstaatsanwalt 1949–1956, in: Fritz Backhaus, Monika Boll, Raphael Gross: Fritz Bauer. Der Staatsanwalt. NS-Verbrechen vor Gericht. Begleitpublikation zur gleichnamigen Ausstellung des Fritz Bauer Instituts und des Jüdischen Museum Frankfurt, Frankfurt 2014, S. 127–147.

Fröhlich, Claudia: Wider die Tabuisierung des Ungehorsams. Fritz Bauers Widerstandsbegriff und die Aufarbeitung von NS-Verbrechen, in: Fritz Bauer Institut (Hgg.): Wissenschaftliche Reihe, Band 13, Frankfurt 2005.

Funke, Hajo: Der Kampf um die Erinnerung. Hitlers Erlösungswahn und seine Opfer, Hamburg 2019.

Fürst, Michael: Stimmungsberichte aus den Gemeinden – positive und negative Reaktionen auf die späten NSG-Prozesse, in: Frank Lüttig, Jens Lehmann (Hgg.): Die letzten NS-Verfahren. Genugtuung für Opfer und Angehörige – Schwierigkeiten und Versäumnisse der Strafverfolgung, Baden-Baden 2017, S. 213–240.

Ganzenmüller, Jörg: Der Rechtsstaat und die strafrechtliche Aufarbeitung von Diktaturen. Ein Problemaufriss, in: Jörg Ganzenmüller (Hgg.): Recht und Gerechtigkeit: Die strafrechtliche Aufarbeitung von Diktaturen in Europa, Köln 2017, S. 11 – 21.

Gerhard, Paul: „Dämonen" – „Schreibtischtäter" – Pfadfinder. Die Wandlung des Bildes von NS-Tätern in Gesellschaft und Wissenschaft am Beispiel von Adolf Eichmann und Rudolf Höss, in: Christine Ekel, Oliver von Wrochen (Hgg.): Nationalsozialistische Täterschaften. Nachwirkungen in Gesellschaft und Familie, Berlin 2016, S. 56–68.

Geyer, Martin: Im Schatten der NS-Zeit. Zeitgeschichte als Paradigma einer (bundes-)republikanischen Geschichtswissenschaft, in: Alexander Nützenadel, Wolfgang Schieder (Hgg.): Zeitgeschichte als Problem. Nationale Traditionen und Perspektiven der Forschung in Europa, Göttingen 2004, S. 25–53.

Giordano, Ralph: Die zweite Schuld: Oder von der Last Deutscher zu sein, Köln 1987.

Glienke, Stephan Alexander: Die De-facto Amnestie von Schreibtischtätern, in: Joachim Perels, Wolfram Wette (Hgg.): Mit reinem Gewissen. Wehrmachtrichter in der Bundesrepublik und ihre Opfer, Berlin 2011, S. 262–277.

Görtemaker, Manfred; Safferling, Christoph: Die Akte Rosenburg. Das Bundesministerium der Justiz und die NS-Zeit, München 2016.

Herbert: Ulrich: Drei politische Generationen im 20. Jahrhundert, in: Jürgen Reulicke (Hgg.): Generationalität und Lebensgeschichte im 20. Jahrhundert, München 2003, S. 95–115.

Horn, Sabine: Der Gerichtssaal als Geschichtsunterricht, in: Georg Wamhof (Hgg.): Das Gericht als Tribunal oder: Wie der NS-Vergangenheit der Prozess gemacht wurde, Göttingen 2009, S. 101–123.

Horn, Sabine: Erinnerungsbilder. Auschwitz-Prozess und Majdanek-Prozess im westdeutschen Fernsehen, Essen 2009.

Jäger, Friedrich: Das Internationale Tribunal über Kriegsverbrechen im ehemaligen Jugoslawien. Anspruch und Wirklichkeit, Münster 2005.

Janssen, Ute: Shoah, in: Torben Fischer; Matthias Lorenz (Hgg.): Lexikon der „Vergangenheitsbewältigung" in Deutschland. Debatten- und Diskursgeschichte des Nationalsozialismus nach 1945, Bielefeld 2017, S. 244–246.

Jasch, Hans-Christian; Kaiser, Wolf: Der Holocaust vor deutschen Gerichten. Amnestieren, Verdrängen, Bestrafen, Ditzingen 2017.

Jesse, Eckhard: Did we succeed in coming to terms with the past? A Comparison of National Socialism and the DDR, in: Heiner Timmermann (Hgg.): Vergangenheitsbewältigung in Europa im 20. Jahrhundert, Band 1, Berlin 2010, S. 239–241.

Just-Dahlmann, Barbara; Just, Helmut: Die Gehilfen. NS-Verbrechen und die Justiz nach 1945, Frankfurt am Main 1988.

Keldungs, Karl-Heinz: NS-Prozesse 1945–2015. Eine Bilanz aus juristischer Sicht, Düsseldorf 2019.

Knabe, Hubertus: Die unterwanderte Republik. Stasi im Westen, Berlin 1999.

Kompisch, Kathrin: Täterinnen. Frauen im Nationalsozialismus, Köln 2008.

Krause, Peter: Der Eichmann-Prozess in der deutschen Presse, Frankfurt 2002.

Krause, Peter: „Eichmann und wir". Die bundesdeutsche Öffentlichkeit und der Jerusalemer Eichmann-Prozess 1961, in: Jörg Osterloh, Clemens Vollnhals (Hgg.): NS-Prozesse und deutsche Öffentlichkeit. Besatzungszeit, frühe Bundesrepublik und DDR, Göttingen 2011, S. 285–289.

Kramer, Helgard: Die Gegenwart der NS-Vergangenheit, Wien 2000.

Kramer, Helmut: Das Verfahren Fritz Bauers zur Beteiligung der Justiz am Anstaltsmord, in: Irmtrud Wojak (Hgg.): „Gerichtstag halten über uns selbst..." Geschichte und Wirkung des ersten Frankfurter Auschwitz-Prozesses, S. 81–131.

Kraus, Herbert: Die im Braunschweiger Remer-Prozeß erstatteten moraltheologischen und historischen Gutachten nebst Urteil, Hamburg 1953.

Kraus, Dorothea: Peter Weiss: Die Ermittlung, in: Torben Fischer; Matthias Lorenz (Hgg.): Lexikon der „Vergangenheitsbewältigung" in Deutschland. Debatten- und Diskursgeschichte des Nationalsozialismus nach 1945, Bielefeld 2017, S. 135–137.

Krösche, Heike: Abseits der Vergangenheit. Das Interesse der deutschen Nachkriegsöffentlichkeit am Nürnberger Prozess gegen die Hauptkriegsverbrecher 1945/46, in: Jörg Osterloh, Clemens Vollnhals (Hgg.): NS-Prozesse und deutsche Öffentlichkeit. Besatzungszeit, frühe Bundesrepublik und DDR, Göttingen 2011, S. 93–105.

Kühne, Thomas: Dämonisierung, Viktimisierung, Diversifizierung. Bilder von nationalsozialistischen Gewalttätern in Gesellschaft und Forschung seit 1945, in: Christine Ekel, Oliver von Wrochen (Hgg.): Nationalsozialistische Täterschaften. Nachwirkungen in Gesellschaft und Familie, Berlin 2016, S. 32–55.

Küper, Wilfried: Erinnerungsarbeit. Das Urteil des BGH vom 20. Mai 1969 zur Verjährung der NS-Mordbeihilfe - ein Fehlurteil? In: Eric Hilgendorf (Hgg.): Juristen Zeitung 72, Heft 5, Tübingen 2017, S. 229–236.

Lahme, Rainer: Schatten der Vergangenheit. Die Auseinandersetzung mit dem Nationalsozialismus in Deutschland nach 1945, Stuttgart 2000.

Laternser, Hans: Die andere Seite im Auschwitz-Prozeß 1963/65. Reden eines Verteidigers, Stuttgart 1966.

Lommatzsch, Erik: Hans Globke und der Nationalsozialismus. Eine Skizze, in: Thomas Brechenmacher, Günter Buchstab, Hans-Otto Kleinmann, Hans Jürgen Küsters (Hgg.): Historisch-Politische Mitteilungen 10, Köln 2013, S. 95–128.

Ludz, Ursula: Nur ein Bericht? Hannah Arendt und ihr Eichmann Buch, in: Werner Renz (Hgg.): Interesse um Eichmann. Israelische Justiz, deutsche Strafverfolgung und alte Kameradschaften, Frankfurt 2012, S. 259–288.

Maas, Heiko: Ehrungen und Nachrufe. Fritz Bauer Studienpreis für Menschenrechte und juristische Zeitgeschichte, in: Ansgar Klein, Hans-Josef Legrand, Jan Rohwerder, Jochen Roose (Hgg.): Forschungsjournal Soziale Bewegungen 28, Heft 4, Berlin 2015, S. 384–388.

Meusch, Matthias: Von der Diktatur zur Demokratie. Fritz Bauer und die Aufarbeitung der NS-Verbrechen in Hessen (1956–1968), in: Hessischer Landtag (Hgg.): Politische und parlamentarische Geschichte des Landes Hessen, Band 26, Wiesbaden 2001.

Meyer, Dennis: Reeducation, in: Torben Fischer; Matthias Lorenz (Hgg.): Lexikon der „Vergangenheitsbewältigung“ in Deutschland. Debatten- und Diskursgeschichte des Nationalsozialismus nach 1945, Bielefeld 2017, S. 19–21.

Miquel, Marc: Aufklärung, Distanzierung, Apologie. Die Debatte über die Strafverfolgung von NS-Verbrechern in den sechziger Jahren, in: Norbert Frei, Sybille Steinbacher (Hgg.): Beschweigen und Bekennen. Die deutsche Nachkriegsgesellschaft und der Holocaust, Göttingen 2001, S. 51–70.

Miquel, Marc: „Wir müssen mit den Mördern zusammenleben!“ NS-Prozesse und politische Öffentlichkeit in den sechziger Jahren, in: Irmtrud Wojak (Hgg.): „Gerichtstag halten über uns selbst…“ Geschichte und Wirkung des ersten Frankfurter Auschwitz-Prozesses, S. 97–116.

Müller, Sabrina: Die Mörder sind unter uns. Der Ulmer Einsatzgruppenprozess 1958, Stuttgart 2008.

Naucke, Wolfgang: Die strafjuristische Privilegierung staatsverstärkter Kriminalität, Frankfurt 1996.

Naumann, Bernd: Der Auschwitz-Prozess. Bericht über die Strafsache gegen Mulka u.a. vor dem Schwurgericht Frankfurt am Main 1963–1965, Hamburg 2013, S. 309–331.

Nestler, Cornelius: Sind die heute noch möglichen Strafverfahren wegen NS-Verbrechen legitim? In: Michael Baurmann, Klaus Günther, Cornelius Prittwitz, Matthias Jahn, Lothar Kuhlen, Reinhard Merkel, Cornelius Nestler, Lorenz Schulz (Hgg.): Rationalität und Empathie. Kriminalwissenschaftliches Symposium für Klaus Lüderssen zum 80. Geburtstag, Baden-Baden, S. 182–196.

Nestler, Cornelius: Warum erst jetzt? Ein Versuch zu erklären, warum es nach dem großen Frankfurter Auschwitzprozess ein halbes Jahrhundert gedauert hat, bis Oskar Gröning verurteilt wurde, in: Frank Lüttig, Jens Lehmann (Hgg.): Die letzten NS-Verfahren. Genugtuung für Opfer und Angehörige – Schwierigkeiten und Versäumnisse der Strafverfolgung, Baden-Baden 2017, S. 41–68.

Nikitin, Boris: Vorwort; Der unzuverlässige Zeuge. Zwölf Behauptungen über das Dokumentarische, in: Tobias Brenk, Boris Nikitin, Carena Schlewitt: Dokument, Fälschung, Wirklichkeit. Materialband zum zeitgenössischen Dokumentarischen Theater, S. 7–11; 12–19.

Paul, Gerhard: Von Psychopathen, Technokraten des Terrors und „ganz gewöhnlichen“ Deutschen, in: Gerhard Paul (Hgg.): Die Täter der Shoah. Fanatische Nationalsozialisten oder ganz normale Deutsche? Göttingen 2002.

Pendas, Devin: Der 1. Frankfurter Auschwitz-Prozess 1963–1965. Eine historische Einführung, in: Raphael Gross, Werner Renz (Hgg.): Der Frankfurter Auschwitz-Prozess (1963–1965). Kommentierte Quellenedition, S. 55–88.

Pendas, Devin: Der Auschwitz-Prozess. Völkermord vor Gericht, München 2013.

Pendas, Devin: „Eichmann in Jerusalem", Arendt in Frankfurt: The Eichmann Trial, the Auschwitz Trial, and the Banality of Justice, in: Duke University Press (Hgg.): New German Critique 100, Durham 2007, S. 77–109.

Perels, Joachim: Amnestien für NS-Täter in der Bundesrepublik, in: Thomas Blanke, Peter Derleder, Rainer Erd, Günter Frankenberg, Monika Frommel, Klaus Günther, Ulrich Mückenberger, Joachim Perels, Sibylle Raasch (Hgg.): Die juristische Aufarbeitung des Unrechts-Staats, Baden-Baden 1998, S. 677–687.

Plack, Arno: Plädoyer für die Abschaffung des Strafrechts, München 1974.

Priemel, Kim Christian: Im Sande verlaufen? Das Ludwigsburger Ermittlungsverfahren gegen das Einsatzkommando 3 und die justizielle Täterforschung nach 1945, in: Jan Erik Schulte, Michael Wildt (Hgg.): Die SS nach 1945. Entschuldigungsnarrative, populäre Mythen, europäische Erinnerungsdiskurse, Göttingen 2018.

Rafetseder, Hermann: Autobahnbau – verschiedene Facetten der Zwangsarbeit bei einem speziellen Prestigeprojekt, in: Hermann Rafetseder (Hgg.): NS-Zwangsarbeits-Schicksale. Erkenntnisse zu Erscheinungsformen der Oppression und zum NS-Lagersystem aus der Arbeit des Österreichischen Versöhnungsfonds. Eine Dokumentation im Auftrag des Zukunftsfonds der Republik Österreich, Linz 2014.

Raim, Edith: Justiz zwischen Diktatur und Demokratie. Wiederaufbau und Ahndung von NS-Verbrechen in Westdeutschland 1945–1949, München 2013.

Rautenberg, Erardo: Die Bedeutung des Generalstaatsanwalts Dr. Fritz Bauer für die Auseinandersetzung mit dem NS-Unrecht, in: Ansgar Klein, Hans-Josef Legrand, Jan Rohwerder, Jochen Roose (Hgg.): Forschungsjournal Soziale Bewegungen, Pressetext zu Heft 4, Berlin 2015, S. 8.

Rautenberg, Erardo: Die Demontage des Generalstaatsanwalts Dr. Fritz Bauer. Nicht nur eine Kritik der Biographie von Ronen Steinke, in: Bernahrd Dombek; Frank Engelmann; Stefan Graßhoff; Detlef Haselbach; Jan Helge Kestel; Bernhard Klose; Joachim Kronisch; Guido Kutscher; Marcus Mollnau; Gerhard Ring; Johannes Weberlin (Hgg.): Neue Justiz. Zeitschrift für Anwalts- und Gerichtspraxis, Baden-Baden 2014, S. 369–376.

Reichel, Peter: Vergangenheitsbewältigung in Deutschland. Die Auseinandersetzung mit der NS-Diktatur in Politik und Justiz, München 2007.

Reitzenstein, Julien: Das SS-Ahnenerbe und die „Straßburger Schädelsammlung" – Fritz Bauers letzter Fall, in: Frank Bösch, Konrad Jarausch, Martin Sabrow (Hgg.): Zeithistorische Forschungen, Band 52, Berlin 2018.

Renz, Werner: Auschwitz vor Gericht. Fritz Bauers Vermächtnis und seine Missachtung, Hamburg 2018.

Renz, Werner: Der erste Frankfurter Auschwitz-Prozess 1963–1965 und die deutsche Öffentlichkeit. Anmerkungen zur Entmythologisierung eines NSG-Verfahrens, in: Jörg Osterloh, Clemens Vollnhals (Hgg.): NS-Prozesse und deutsche Öffentlichkeit. Besatzungszeit, frühe Bundesrepublik und DDR, Göttingen 2011, S. 349–362.

Renz, Werner: Der erste Frankfurter Auschwitz-Prozeß. Völkermord als Strafsache, in: Stiftung für Sozialgeschichte des 20. Jahrhunderts (Hgg.): Zeitschrift für Sozialgeschichte des 20. und 21. Jahrhunderts, Bremen 2000, S. 11–48.

Renz, Werner: Der Frankfurter Auschwitz-Prozess: „Rechtsstaatliches Verfahren" oder „Strafrechtstheater"? Kann mithilfe der Strafjustiz politische Aufklärung geleistet werden? In: Wolfgang Form, Theo Schiller, Lothar Seitz (Hgg.): NS-Justiz in Hessen. Verfolgung, Kontinuität, Erbe, Marburg 2015, S. 439–451.

Renz, Werner: Fritz Bauer und das Versagen der Justiz. Nazi-Prozesse und ihre „Tragödie", Hamburg 2015.

Ristic, Matias: Hans Hofymeyer – Widersprüche eines Richters von Format oder: Ein Blick auf den Auschwitz-Prozess-Vorsitzenden im Lichte bislang unberücksichtigter Rechtsprechung, in: Sonja Buckel, Isabel Feichtner, Adreas Fischer-Lescano, Felix Hanschmann, Tanja Hitzel-Cassagnes, Eva Kocher, Nora Markard, Dana Schmalz, Maria Wersig, Tim Wihl, Ingeborg Zerbes (Hgg.): Kritische Justiz 53, Baden-Baden 2020, S. 98–113.

Rommel, Jens: Der Beitrag der Zentralen Stelle der Landesjustizverwaltungen zur Aufklärung nationalsozialistischer Verbrechen, in: Jens Lehmann, Frank Lüttig (Hgg.): Die letzten NS-Verfahren. Genugtuung für Opfer und Angehörige – Schwierigkeiten und Versäumnisse der Strafverfolgung, Baden-Baden, S. 81–82.

Roseman, Mark: Holocaust-Täter aus der Sicht der Opfer, in: Andrej Angrick, Martin Cüppers, Jürgen Matthäus (Hgg.): Naziverbrechen. Täter, Taten, Bewältigungsversuche, Darmstadt 2013, S. 227–243.

Rothland, Martin: Selektive Erinnerung? Meinungsumfragen zum Nationalsozialismus der frühen Nachkriegszeit, in: Norbert Lammert, Bernhard Vogel (Hgg.): Die politische Meinung 53, Osnabrück 2008, S. 55–61.

Roxin, Claus: Straftaten im Rahmen organisierter Machtapparate, in: Heinrich Grützner (Hgg.): Goldtdammer´s Archiv für Strafrecht, Hamburg 1963, S. 193–207.

Rückerl, Adalbert: Die Strafverfolgung von NS-Verbrechen 1945–1978. Eine Dokumentation, Karlsruhe 1979.

Rückerl, Adalbert: NS-Verbrechen vor Gericht. Versuch einer Vergangenheitsbewältigung, Heidelberg 1982.

Salzberger, Florian: „Kein Mensch hat das Recht zu gehorchen". Hannah Arendts Philosophie des Umgangs im Anschluss an die Narrativitätskonzeption ihres Spätwerkes, München 2017.

Schenk, Dieter: Die Todesumstände von Generalstaatsanwalt Fritz Bauer (1903–1968), in: Fritz Bauer Institut (Hgg.): Einsicht, Heft 8, Frankfurt 2012, S. 38–43.

Schrimm, Kurt; Riedel, Joachim: 50 Jahre Zentrale Stelle in Ludwigsburg. Ein Erfahrungsbericht über die letzten zweieinhalb Jahrzehnte, in: Helmut Altrichter, Horst Möller, Margit Szöllösi-Janze, Andreas Wirsching (Hgg.): Vierteljahreshefte für Zeitgeschichte, Heft 4, München 2008, S. 525–555.

Schrimm, Kurt: Schuld, die nicht vergeht. Den letzten NS-Verbrechern auf der Spur, München 2017.

Schulte, Jan Erik: Wiege apologetischer Narrative. Die Organisationsverfahren gegen SS, Gestapo und SD vor dem Internationalen Militärgerichtshof in Nürnberg 1945/46, in: Jan Erik Schulte, Michael Wildt (Hgg.): Die SS nach 1945. Entschuldigungsnarrative, populäre Mythen, europäische Erinnerungsdiskurse, Göttingen 2018.

Steinke, Ronen: Fritz Bauer, Die Kriegsverbrecher vor Gericht (1945), in: Sonja Buckel, Isabel Feichtner, Adreas Fischer-Lescano, Felix Hanschmann, Tanja Hitzel-Cassagnes, Eva Kocher, Nora Markard, Dana Schmalz, Maria Wersig, Tim Wihl, Ingeborg Zerbes (Hgg.): Kritische Justiz 46, Heft 3, Baden-Baden 2013, S. 298–306.

Steinke, Ronen: Fritz Bauer oder Auschwitz vor Gericht, München 2014.

Stolleis, Michael: Der Historiker als Richter – der Richter als Historiker, in: Norbert Frei, Dirk van Laak, Michael Stolleis (Hgg.): Geschichte vor Gericht. Historiker, Richter und die Suche nach Gerechtigkeit, München 2000, S. 173–183.

Stolleis, Michael: Gerechtigkeit durch Strafrecht? Die Bundesrepublik und ihre „Zentrale Stelle", in: Peter Steinbach, Michael Stolleis (Hgg.): Festakt und Symposium aus Anlass des 50-jährigen Bestehens der Zentralen Stelle der Landesjustizverwaltung zur Aufklärung nationalsozialistischer Verbrechen am 1. und 2. Dezember 2008 in Ludwigsburg, Stuttgart 2009, S. 33–61.

Stüwe, Klaus: Die Rede des Kanzlers. Regierungserklärungen von Adenauer bis Schröder, Wiesbaden 2015, S. 299.

Thiessen, Jan: Fritz Bauer – zur schwierigen Rezeption, in: Eric Hilgendorf (Hgg.): Juristen Zeitung 70, Heft 22, Tübingen 2015, S. 1069–1080.

Vogt, Jochen: Peter Weiss, Reinbek 1987.

Volk, Rainer: Das letzte Urteil: Die Medien und der Demjanjuk-Prozess, München 2016.

Vollnhals, Clemens: Die strafrechtliche Verfolgung nationalsozialistischer Verbrechen in Deutschland, in: Jörg Ganzenmüller (Hgg.): Recht und Gerechtigkeit: Die strafrechtliche Aufarbeitung von Diktaturen in Europa, Köln 2017, S. 31–53.

Vollnhals, Clemens: Entnazifizierung. Politische Säuberung und Rehabilitierung in den vier Besatzungszonen 1945–1949, München 1991.

Vollnhals, Clemens: „Über Auschwitz aber wächst kein Gras." Die Verjährungsdebatten im Deutschen Bundestag, in: Jörg Osterloh, Clemens Vollnhals (Hgg.): NS-Prozesse und deutsche Öffentlichkeit. Besatzungszeit, frühe Bundesrepublik und DDR, Göttingen 2011, S. 375–401.

Von Miquel, Marc: Ahnden oder amnestieren? Westdeutsche Justiz und Vergangenheitspolitik in den sechziger Jahren, Göttingen 2004.

Wagner, Hans-Ulrich: Fritz Bauer und das Radio, in: Frank Bösch, Konrad Jarausch, Martin Sabrow (Hgg.): Zeithistorische Forschungen 16, Göttingen 2019, S. 165.

Wandres, Thomas; Werle, Gerhard: Auschwitz vor Gericht. Das Urteil gegen Dr. Victor Capesius, München 1995.

Waton, Fidelis Regi: Die Provokation des Guten. Arendts philosophische Untersuchung zur Frage nach Schuld und Verantwortung unter der totalitären Herrschaft, Berlin 2016.

Weiß, Christoph: Auschwitz in der geteilten Welt: Peter Weiss und die „Ermittlung" im Kalten Krieg, Band 1, Sankt Ingbert 2000.

Weinke, Anette: „Bleiben die Mörder unter uns?" Öffentliche Reaktionen auf die Gründung und Tätigkeit der Zentralen Stelle Ludwigsburg, in: in: Jörg Osterloh; Clemens Vollnhals (Hgg.): NS-Prozesse und deutsche Öffentlichkeit. Besatzungszeit, frühe Bundesrepublik und DDR, Göttingen 2011, S. 263–282.

Weinke, Anette: Die Verfolgung von NS-Tätern im geteilten Deutschland. Vergangenheitsbewältigungen 1949–1969 oder: Eine deutsch-deutsche Beziehungsgeschichte im Kalten Krieg, Paderborn 2002.

Welsh, Helga: Revolutionärer Wandel auf Befehl? Entnazifizierungs- und Personalpolitik in Thüringen und Sachsen (1945–1948), München 1989.

Weinke, Anette: Der Eichmann-Prozess, Hannah Arendts „Eichmann in Jerusalem", in: Andrej Angrick, Martin Cüppers, Jürgen Matthäus (Hgg.): Naziverbrechen. Täter, Taten, Bewältigungsversuche, Darmstadt 2013, S. 289–302.

Weinke, Anette: Täter, Opfer, Mittäter, in: Georg Wamhof (Hgg.): Das Gericht als Tribunal oder: Wie der NS-Vergangenheit der Prozess gemacht wurde, Göttingen 2009, S. 55–77.

Wentker, Hermann: Die gesamtdeutsche Systemkonkurrenz und die durchlässige innerdeutsche Grenze. Herausforderung und Aktionsrahmen für die DDR in den fünfziger Jahren, in: Dierk Hoffmann (Hgg.): Vor dem Mauerbau. Politik und Gesellschaft in der DDR der fünfziger Jahre, München 2003.

Wenzel, Mirjam: Gericht und Gedächtnis. Der deutschsprachige Holocaust-Diskurs der sechziger Jahre, Göttingen 2009.

Wildt, Michael: Differierende Wahrheiten. Historiker und Staatsanwälte als Ermittler von NS-Verbrechen, in: Norbert Frei, Dirk van Laak, Michael Stolleis (Hgg.): Geschichte vor Gericht. Historiker, Richter und die Suche nach Gerechtigkeit, München 2000, S. 46–59.

Wilke, Karsten: Die Hilfsgemeinschaft auf Gegenseitigkeit (HIAG) 1950–1919. Veteranen der Waffen-SS in der Bundesrepublik, Paderborn 2011.

Winters, Peter Jochen: Den Mördern ins Auge gesehen. Berichte eines jungen Journalisten vom Frankfurter Auschwitz-Prozess 1963–1965, in: Sonja Häder, Ulrich Wiegmann (Hgg.): Zeitgeschichten, Band 14, Berlin 2015.

Wojak, Irmtrud: „Der Staat gegen Fritz Bauer“ oder „Der Jude ist schwul!“ In: Ansgar Klein, Hans-Josef Legrand, Jan Rohwerder, Jochen Rosse (Hgg.): Forschungsjournal Soziale Bewegungen 28, Heft 4, München 2016, S. 364–369.

Wojak, Irmtrud: „Die Mauer des Schweigens durchbrochen“. Der erste Frankfurter Auschwitz-Prozess 1963–1965, in: Irmtrud Wojak (Hgg.): „Gerichtstag halten über uns selbst…“ Geschichte und Wirkung des ersten Frankfurter Auschwitz-Prozesses, S. 21–42.

Wojak, Irmtrud: Eichmanns Memoiren. Ein kritischer Essay, Frankfurt 2001.

Wojak, Irmtrud: Fritz Bauer (1903–1968). Eine Biographie, München 2016.

Zuckermann, Moshe: Erinnern und Gedenken als kollektive Strategie, in: Linda Erker, Klaus Kienesberger, Erich Vogl, Fritz Hausjell (Hgg.): Gedächtnis-Verlust? Geschichtsvermittlung und -didaktik in der Mediengesellschaft, Köln 2013, S. 26–40.

9.2 Quellen

Deutschkron, Inge: Auschwitz war nur ein Wort. Berichte über den Frankfurter Auschwitz-Prozess 1963–1965, Berlin 2018.

Tonbandmitschnitte, Protokolle, Dokumente, Digitale Bibliothek, Band 101, Berlin 2005.

Urteil des Landgerichts Frankfurt am Main in der Strafsache gegen Mulka und andere vom 19./20. August 1965, in: Raphael Gross, Werner Renz (Hgg.): Der Frankfurter Auschwitz-Prozess (1963–1965). Kommentierte Quellenedition, Band 2, Frankfurt 2014, S. 572–1208.

Weiss, Peter: Die Ermittlung. Oratorium in 11 Gesängen, Frankfurt 1965.

9.3 Studien, Umfragen, Urteile, sonstige Quellen

Gesellschaft für Politikforschung und Politikberatung: Die Haltung der Deutschen zum Nationalsozialismus. Ergebnisse einer repräsentativen Erhebung, Berlin 2020.

Institut für interdisziplinäre Konflikt- und Gewaltforschung: MEMO. Multidimensionaler Erinnerungsmonitor, Studie 3, Bielefeld 2020.

Jahresbericht des Fritz Bauer Instituts von 2019, Frankfurt 2020.

Report No. 114, 5 Dec 1951, in: Merrit, Anna; Merrit, Richard (Hgg.): Public Opinion in semisovereign Germany. The HICOG Surveys, 1949–1955, Urbana 1980, S. 147.

Report No. 167, 12 Jan 1953, in: Merrit, Anna; Merrit, Richard (Hgg.): Public Opinion in semisovereign Germany. The HICOG Surveys, 1949–1955, Urbana 1980, S. 198.

Umfrage zur öffentlichen Meinung, in: Erich Peter Neumann, Elisabeth Noelle (Hgg.): Jahrbuch der öffentlichen Meinung 1965–1967, Allensbach 1967, S. 165.

Urteil des BGH zur Revision im Auschwitz-Prozess von 1969: FBI, FAP-1/HA-128, Bl. 20820R.

Urteil des EuGH zur „Doppelbestrafung“, 29.06.2016 – C-486/14.

Urteil gegen Hans Josef Maria Globke, in: Dick de Mildt; Christiaan Rüter (Hgg.): DDR-Justiz und NS-Verbrechen. Sammlung ostdeutscher Strafurteile wegen nationalsozialistischer Tötungsverbrechen, Band 3, Amsterdam 2006.

Urteil im Demjanjuk-Prozess: LG München II, 12.05.2011 – 1 KS 115 Js 12496/08.

Urteil im Gröning-Prozess: LG Lüneburg, 15.07.2015 – 27 Ks 1191 Js 98402/13 (9/14).

Urteil im Hanning-Prozess: LG Detmold, 17.06.2016 – 4 Ks 45 Js 3/13–9/15.

9.4 Internetquellen

Artikel vom 8. Dezember 2014 in Der Tagesspiegel: https://www.tagesspiegel.de/kultur/deutungskampf-um-das-werk-von-fritz-bauer-die-nestbeschuetzer/11087028.html (zuletzt aufgerufen am 15.01.2021).

Artikel des niederländischen Politikwissenschaftlers René Cuperus vom 4. Februar 206 in der Süddeutschen Zeitung: https://www.tagesspiegel.de/kultur/deutungskampf-um-das-werk-von-fritz-bauer-die-nestbeschuetzer/11087028.html (zuletzt aufgerufen am 15.01.2021).

Artikel vom 17. April 2019 in der FAZ: https://www.faz.net/aktuell/politik/inland/frankfurter-auschwitzprozess-der-fritz-bauer-kult-16141075.html (zuletzt aufgerufen am 15.01.2021)

Artikel vom 6. November 2018 in der Süddeutsche Zeitung Online: https://www.sueddeutsche.de/politik/muenster-ns-prozess-stutthof-1.4199081 (zuletzt aufgerufen am 15.01.2021).

Artikel vom 23. Juli 2020 aus der Süddeutsche Zeitung: https://www.sueddeutsche.de/politik/stutthof-prozess-ein-kluges-urteil-gegen-bruno-d-1.4976467 (zuletzt aufgerufen am 15.01.2021).

Artikel des BR vom 23. Mai 2020: https://www.br.de/nachrichten/deutschland-welt/widerwaertiger-tabubruch-ns-vergleiche-waehrend-corona,Rzj6QCv (zuletzt aufgerufen am 15.01.2021).

Filmkritik vom 30. September 2015 aus der ZEIT: https://www.zeit.de/kultur/film/2015-09/staat-gegen-fritz-bauer-lars-kraume/komplettansicht (zuletzt aufgerufen am 15.01.2021).

Interview mit Benjamin Ferencz vom 7. November 2020 im SPIEGEL: https://www.spiegel.de/geschichte/nuernberger-prozesse-der-letzte-chefanklaeger-erinnert-sich-a-7923c477-7d2d-40cd-b6b0-3b5f1fa6f086 (zuletzt aufgerufen am 15.01.2021).

Kritik an Steinkes Bauer-Biographie von Wojak, Irmtrud: „Übrigens"- Fritz Bauer braucht keine Rehabilitierung, in: Fritz Bauer Blog der Buxus Stiftung: https://www.fritz-bauer-forum.de/ubrigens-fritz-bauer-braucht-keine-rehabilitierung/ (zuletzt aufgerufen am 15.01.2021).

Meldung auf der Internetseite des Fritz Bauer Instituts vom 19. März 2017: https://www.fritz-bauer-forum.de/tubingen-strase-soll-nach-fritz-bauer-benannt-werden/ (zuletzt aufgerufen am 15.01.2021).

Meldung auf der Internetseite des Fritz Bauer Instituts vom 10. März 2017: https://www.fritz-bauer-institut.de/mitteilung/erinnerung-an-fritz-bauer-br-einweihung-einer-gedenktafel-fuer-fritz-bauer-br-an-seinem-ehemaligen-wohnhaus-in-frankfurt-am-main (zuletzt aufgerufen am 15.01.2021).

Mitteilung des Fritz Bauer Blog der Buxus Stiftung: https://www.fritz-bauer-forum.de/fritz-bauer-in-den-usa/ (zuletzt aufgerufen am 15.01.2021).

Tonbandmitschnitte des Auschwitz-Prozesses (1963–1965) unter: https://www.auschwitz-prozess.de/ (zuletzt aufgerufen am 15.01.2021).

Unterrichtsmaterialien der Stiftung Lesen zum Film „Im Labyrinth des Schweigens": Stiftung Lesen: Im Labyrinth des Schweigens. Ideen für den Unterricht in Klasse 9–12, Mainz 2014. https://www.stiftunglesen.de/imlabyrinthdesschweigens (zuletzt aufgerufen am 15.01.2021).

FSC
www.fsc.org
MIX
Papier | Fördert
gute Waldnutzung
FSC® C083411

Kolibri 360 GmbH
Ferdinand-Jühlke-Straße 7
99095 Erfurt, Deutschland
produktsicherheit@kolibri360.de